BEITRÄGE ZUR KENNTNIS
DES
RÖMISCH-ÄGYPTISCHEN GRUNDBUCHRECHTS

VON

DR. IUR. HANS LEWALD

LEIPZIG
VERLAG VON VEIT & COMP.
1909

Druck von Metzger & Wittig in Leipzig.

Vorwort.

Seitdem Mitteis in seinen bahnbrechenden Abhandlungen im Hermes und im ersten Bande des Archivs für Papyrusforschung den Nachweis geführt hat, daß der Gedanke der Publizität der dinglichen Rechte im Immobiliarrecht der Papyri mit Bewußtsein erfaßt und in einer Form verwirklicht worden ist, die in mancher Hinsicht an unser modernes Grundbuchrecht erinnert, hat sich das Quellenmaterial in sehr bedeutendem Umfange vermehrt. Gerade die Publikationen der letzten Jahre, insbesondere der dritte Band der Londoner Edition und der zweite Band der Tebtunis Papyri, enthalten für die grundbuchrechtlichen Fragen reiches und wertvolles Material, das bisher im Zusammenhange noch nicht behandelt worden ist.

Daher ist wohl der in der vorliegenden Arbeit unternommene Versuch gerechtfertigt, durch die Zusammenstellung und Verwertung dieses Materials auf der Basis der durch Mitteis' und Wilckens Forschungen gewonnenen Ergebnisse einen, wenn auch nur bescheidenen Beitrag zur Erkenntnis des römisch-ägyptischen Grundbuchrechts zu liefern.

Indem ich diesen Versuch veröffentliche, ist es mir Bedürfnis, meinem hochverehrten Lehrer, Herrn Geheimen Rat Professor Ludwig Mitteis, für die gütigen Anregungen, die er mir hat zuteil werden lassen, aufrichtigst zu danken.

Leipzig, im Dezember 1908.

Hans Lewald.

Inhalt.

I. Die διαστρώματα und ihre Organisation.

II. Die Mitwirkung der βιβλιοθήκη ἐγκτήσεων bei dem Abschluß von Immobiliarrechtsgeschäften.

III. Die παράθεσις und ihre Voraussetzungen.

IV. Die rechtliche Natur der διαστρώματα.

I. Die διαστρώματα und ihre Organisation.

§ 1.

Die generellen ἀπογραφαί und das Edikt des Mettius Rufus.

I. Bevor wir auf das uns in der petition of Dionysia erhaltene Edikt des Mettius Rufus,[1] das die Grundlage einer Untersuchung über das „ägyptische Grundbuchrecht" zu bilden hat, näher eingehen, soll hier folgendes vorweggenommen werden:

Wir erfahren aus dem Edikt, daß der Präfekt zwecks Erneuerung der von den *βιβλιοθῆκαι ἐγκτήσεων* geführten *διαστρώματα* Deklarationen anordnet, und daß er zugleich Vorschriften erläßt, die der Notwendigkeit einer Wiederholung dieser Maßregel vorbeugen sollen (*πρὸς τὸ μὴ πάλιν ἀπογραφῆς δεηθῆναι* Oxy. II 237 Col. VIII Z. 41). Daß sich das *διάταγμα* des Rufus nur auf Immobiliar-*ἀπογραφαί* bezieht, ist in ihm selbst nicht gesagt; wir dürfen dies aber wohl unbedenklich annehmen, wenn wir uns vergegenwärtigen, daß alle bisher publizierten, an die *βιβλιοφύλακες* adressierten Deklarationen[2] Immobiliarrechte betreffen, und daß andererseits sämtliche uns bekannten Mobiliarfassionen an andere Beamte, nämlich an den Strategen oder *βασιλικὸς γραμματεύς* gerichtet sind. Wir werden daher im folgenden von dieser Voraussetzung ausgehen.

Aus dem skizzierten Inhalt des Edikts können wir dann znnächst schließen:

1. daß die *διαστρώματα* auf den Immobiliardeklarationen aufgebaut, also — allgemein gesagt — Übersichten über den Immobiliarbesitz waren, und

---

[1] Oxy. II 237 Col. VIII Z. 28—43. Grundlegend hierüber: Mitteis, Archiv I S. 188 ff.; cf. auch Ruggiero, Bull. dell' ist. di dir. rom. XIII S. 61—71.

[2] Zu PR. 144 cf. § 2 S. 11 Anm. 7.

2. daß die Immobiliardeklarationen nicht mit den alljährlich eingeforderten Mobiliarfassionen auf eine Stufe gestellt werden dürfen, sondern daß die Anordnung allgemeiner Immobiliar-*ἀπογραφαί* als eine exzeptionelle Maßregel aufzufassen ist.

Es erhebt sich nun sofort die Frage: Sind alle an die *βιβλιοφύλακες*[1] gerichteten Deklarationen, die uns erhalten sind, bei Gelegenheit solcher allgemeiner *διαστρώματα*-Revisionen eingereicht worden? Zu der Verneinung dieser Frage führt folgende Erwägung. In BGU. I 11 Z. 15 wird eine *ἀπογραφή* vom Jahre 92/93 p. erwähnt. Nun ist es schon a priori höchst unwahrscheinlich, daß bereits zwei Jahre nach dem Edikt des Mettius Rufus wiederum eine Neuanlegung der Immobiliarübersichten erforderlich gewesen wäre. Doch ganz abgesehen hiervon: Der Deklaration Oxy. III 481 vom Jahre 99, in der auf die *ἀπογραφή* vom Jahre 90 Bezug genommen wird, können wir wohl mit einiger Sicherheit entnehmen, daß in der Zwischenzeit allgemeine Immobiliar-*ἀπογραφαί* nicht angeordnet worden sind.[2] Wir müssen also annehmen, daß die in BGU. I 11 angeführte *ἀπογραφή* mit einer *διάστρωμα*-Revision nichts zu tun hat.

Zu demselben Resultat gelangen wir, wenn wir folgende Zusammenstellung von Deklarationen aus den ersten drei Jahrzehnten des zweiten nachchristlichen Jahrhunderts betrachten:

109 p.	Oxy. III 482;
112 p.	Oxy. III 638;
120 p. (?)	Teb. II 472;
122 p.	BGU. III 742 Col. II Z. 6;
127 p.	Teb. II 323;
129 p.	Oxy. I 75.

Es bedarf wohl keiner weiteren Erörterung, daß unmöglich in allen diesen Jahren *διαστρώματα*-Revisionen stattfinden konnten. Ich möchte daher, wie es auch in der Literatur[3] bereits mehr-

[1] Über die nicht an die *βιβλιοφύλακες* gerichteten *ἀπογραφαί* über *γῆ ἄβροχος*, cf. unten § 11.

[2] So auch Grenfell-Hunt, Oxy. III S. 170, Anmerkung zu Z. 15—17 der genannten Urkunde.

[3] Jouguet, Revue des études anciennes VII S. 277; Preisigke, Pap. Str. I S. 125; Grenfell-Hunt, Pap. Teb. II, Vorbemerkung zu Nr. 323 (S. 131).

fach geschehen ist, zwei Klassen von *ἀπογραφαί* unterscheiden, nämlich

a) die generellen *ἀπογραφαί*, d. h. diejenigen Immobiliardeklarationen, die zum Zweck der allgemeinen Revision bzw. Neuanlegung der *διαστρώματα* angeordnet werden, und

b) diejenigen *ἀπογραφαί*, die der individuellen Rektifizierung der *διαστρώματα* dienen, in denen also z. B. die Käufer von Grundstücken ihren Erwerb den *βιβλιοφύλακες* anzeigen. Ich will die zu dieser Klasse gehörenden Urkunden, da sie nicht, wie die generellen Deklarationen, eine anormale Erscheinung des ägyptischen Grundbuchrechts darstellen — in Ermangelung einer besseren Terminologie —, reguläre *ἀπογραφαί* nennen.

In manchen Fällen wird sich ohne weiteres aus dem Inhalt einer *ἀπογραφή* ergeben, welcher der beiden Kategorien sie beizuzählen ist; so in Fällen, wie Lips. 3 Col. II; Teb. II 323; 472; Lond. III Nr. 941 (S. 118, 119); Nr. 942 (S. 119, 120); Nr. 945 (S. 120, 121); Str. I 34. Alle diese Urkunden sind zweifellos reguläre *ἀπογραφαί*. Mit gleicher Sicherheit können wir bisweilen auch generelle Deklarationen als solche erkennen. Allerdings ist es hier weniger der Inhalt der einzelnen *ἀπογραφή*, der die Entscheidung ermöglicht, als vielmehr der Umstand, daß uns eine ganze Gruppe von Deklarationen erhalten ist, die alle aus demselben Jahre stammend, auf dieselbe, die Deklaration anordnende Verfügung des Präfekten[1] Bezug nehmen. Hierher gehören zunächst die im Anschluß an das Edikt des Mettius Rufus eingereichten Deklarationen,[2] weiter aber auch die zahlreichen *ἀπογραφαί* vom Jahre 131.[3]

Nicht immer jedoch liegt die Sache so einfach, vielmehr gibt es Fälle, in denen sich der Charakter einer Immobiliar-*ἀπογραφή* nicht ohne weiteres bestimmen läßt; man denke an Oxy. III 636,[4]

[1] Bisweilen ist der Präfekt nicht ausdrücklich genannt. So heißt es in Oxy. IV 715; Gen. 27, zwei Deklarationen vom Jahre 131 einfach: *κατὰ τὰ κελευσθέντα*. Daß es sich hierbei um eine Anordnung des Präfekten handelt, folgt aus den übrigen *ἀπογραφαί* desselben Jahres.

[2] Oxy. I 72; Oxy. II 247; 358; BGU. II 536. Zu der letzten Urkunde cf. Grenfell-Hunt, Oxy. II S. 178.

[3] Fay. 32; 216; BGU. II 420; 459; Gen. 27; Oxy. IV 715; wahrscheinlich auch Oxy. III 584 cf. unten S. 6.

[4] Publiziert von Wessely, Studien zur Paläographie und Papyruskunde, Heft 4 (1905) S. 114.

I 75;[1] Lips. 8; 9; Lond. III Nr. 940 (S. 118), Urkunden, die an sich ebensogut generelle wie reguläre ἀπογραφαί sein könnten. Eine sichere Entscheidung wäre daher in solchen Fällen nur dann möglich, wenn sich ein allgemeines Kriterium aufstellen ließe, nach dem wir die beiden ἀπογραφαί-Kategorien voneinander scheiden könnten.

Ein solches Kriterium ist nun m. E. leicht zu ermitteln. Betrachten wir nämlich die Deklarationen, die wir mit Sicherheit zu den generellen zählen dürfen,[2] so finden wir, wie schon gesagt, daß bei ihnen ausnahmslos die Deklaranten auf eine die ἀπογραφαί anordnende Verfügung des Präfekten Bezug nehmen.

Hieraus allein folgt natürlich noch nicht, daß nun umgekehrt jede ἀπογραφή, bei der sich ein solcher Hinweis findet, zur Klasse der generellen ἀπογραφαί gehört, und daß jede Deklaration, bei der er fehlt, der Kategorie der regulären beizuzählen ist. A priori können sich ja die Worte κατὰ τὰ προστεταγμένα bzw. κελευσθέντα ebensogut wie auf die Anordnung genereller Deklarationen zum Zweck einer διάστρωμα-Revision, auf eine allgemeine Bestimmung des Statthalteredikts[3] beziehen, durch die etwa angeordnet wird, daß im Interesse der Evidenthaltung der διαστρώματα die Erwerber von Grundstücken und dinglichen Rechten an Grundstücken ihren Erwerb den βιβλιοφύλακες anzuzeigen haben. Nur dann könnten wir mit einiger Sicherheit in der Bezugnahme auf die Anordnung des Präfekten das entscheidende Kriterium erblicken, wenn sich zeigen sollte, daß diese Bezugnahme in den regulären ἀπογραφαί regelmäßig fehlt. Dies ist nun tatsächlich der Fall. In keiner der Urkunden, die wir schon nach ihrem Inhalt als reguläre Deklarationen erkennen konnten,[4] finden sich die Worte κατὰ τὰ προστεταγμένα oder eine ähnliche Klausel. Daß dies reiner Zufall sein sollte, wird man m. E. kaum annehmen dürfen. Ist dies richtig, so sind wir zu dem Ergebnis gelangt: Jede (an die βιβλιοφύλακες gerichtete) ἀπογραφή, in der der Deklarant auf eine Verordnung des Statthalters Bezug

[1] Nebenbei sei hier bemerkt, daß nach Oxy. I 75 Z. 30 und Fay. 97 Z. 13 in BGU. I 187 Z. 3, 4 ergänzt werden muß: τὰς] Z. 4 [διατ]αγείσας κτλ.

[2] Die S. 3 in Anm. 2 und 3 genannten Urkunden.

[3] D. h. des vom Statthalter bei seinem Amtsantritt proponierten Edikts.

[4] Dies sind die oben angeführten Urkunden Lips. 3 Col. II; Teb. II 323; 472; Lond. III 941; 942; 945 (S. 118—120).

nimmt, gehört zu den generellen, jede ἀπογραφή, in der diese Bezugnahme fehlt, zu den regulären Deklarationen.[1]

Es soll nun unter Verwertung dieses Ergebnisses zusammengestellt werden, für welche Jahre uns generelle ἀπογραφαί, also auch Revisionen der διαστρώματα bezeugt sind.

Die älteste uns bekannte generelle ἀπογραφή[2] fand im Jahre 63 p. statt, es ist dies die in Oxy. II 248 Z. 32, 33 erwähnte δεκάτου ἔτους Νέρωνος ἀπογραφή. Konkrete Beispiele der in diesem Jahre angeordneten generellen Deklarationen sind uns nicht erhalten, wenn nicht, was m. E. wahrscheinlich ist, BGU. I 112[3] und Oxy. II 250 hierher gehören. In beiden Urkunden wird eine Verordnung des Präfekten Lucius Julius Vestinus genannt. Allerdings ist uns nun dieser für das Jahr 63 nicht mehr als Präfekt bezeugt,[4] doch ist andererseits für dieses Jahr kein den Vestinus ausschließender Statthalter bekannt;[5] es scheint mir aber höchst unwahrscheinlich, daß sowohl im Jahre 61/62 wie im Jahre 63 generelle ἀπογραφαί angeordnet worden sind.

Die nächsten διαστρώματα-Revisionen fanden statt in den Jahren 80,[6] 90,[7] 99,[8] 109,[9] nach Grenfell-Hunt[10] auch im

---

[1] Daher ist insbesondere Oxy. I 75 eine reguläre ἀπογραφή. Anders Grenfell-Hunt, Oxy. II S. 177 vorletzte Zeile; Oxy. IV S. 180, 181; Vorbemerkung zu Oxy. IV 713.

[2] Das Wort ἀπογραφή bezeichnet nicht nur die einzelne konkrete Deklaration, sondern wird auch, wie Oxy. II 248 Z. 33 und Oxy. III 481 Z. 16, 17 beweisen, in abstrakter Bedeutung gebraucht.

[3] Nach Wilcken, Hermes 28 S. 235 vom Jahre 61/62.

[4] Cantarelli, La serie dei prefetti di Egitto (1906) S. 31 setzt seine Statthalterschaft in die Jahre 59 bis 61/62. [5] Cantarelli, l. c. S. 32.

[6] Oxy. II 249; Oxy. II 359 (?); Oxy. II 248. Hier muß in Zeile 9, 10 gelesen werden: ἀπογράφομαι] πρώτως, κατ[ὰ τὰ κελευσθέντα] τὰ κατηντηκότα κτλ. Über die Bedeutung des πρώτως cf. unten § 7 S. 48f.

[7] cf. S. 3 Anm. 2.

[8] Oxy. III 481. Aus dieser Urkunde Z. 15, 16 und aus Oxy. II 248 Z. 31, 32 darf wohl geschlossen werden, daß zwischen den Jahren 90 und 99 einerseits, 63 und 80 andererseits generelle ἀπογραφαί nicht angeordnet worden sind, cf. S. 2 Anm. 2.

[9] Oxy. III 637, probably made in A. D. 109, eine Deklaration, in der die Worte κατὰ τὰ προστεταγμένα begegnen, läßt wohl in Verbindung mit Oxy. III 482 vom Jahre 109 vermuten, daß in diesem Jahre eine generelle ἀπογραφή stattgefunden hat. Dagegen gehört nicht hierher Oxy. III 636 (cf. oben S. 3 Anm. 4), nach unserem Kriterium eine reguläre Deklaration.

[10] Oxy. III S. 169; Oxy. IV S. 180 letzte Zeile.

Jahre 129. Letzteres scheint mir unrichtig. Aus dem Jahre 129 ist uns nur Oxy. I 75 erhalten, nach dem oben aufgestellten Kriterium eine reguläre Deklaration. In der ἀπογραφή Oxy. III 584 „written about 129" wird eine Verordnung des Präfekten Flavius Titianus erwähnt; da wir nun wissen, daß im Jahre 131 eben von diesem Statthalter eine διαστρώματα-Revision angeordnet worden ist,[1] so liegt es nahe, auch Oxy. III 584 in dieses Jahr zu setzen. Wir haben sonach kein einziges sicheres Beispiel einer generellen ἀπογραφή vom Jahre 129.

Wann nach dem Jahre 131 Neuanlegungen der Immobiliarübersichten vorgenommen wurden, läßt sich aus dem uns heute vorliegenden Material nicht feststellen. Möglich ist, daß eine generelle ἀπογραφή durch den Präfekten Similis im Jahre 182 angeordnet worden ist.[2] Die aus der jüngeren Zeit stammenden Deklarationen sind, abgesehen von einigen wenigen Ausnahmen, die aber nicht mehr an die βιβλιοφύλακες gerichtet sind,[3] reguläre ἀπογραφαί, so daß sich aus ihnen für unsere Frage nichts entnehmen läßt.

Überblicken wir nun die Reihe der uns bekannten generellen ἀπογραφαί, so werden wir kaum von einer periodischen Anordnung derselben sprechen dürfen.[4]

II. Ein konkretes Beispiel eines eine generelle ἀπογραφή anordnenden Statthalteredikts ist das διάταγμα des Mettius Rufus,[5] von dem wir ausgegangen sind. Bei der fundamentalen Bedeutung, die dieses Edikt für das „Grundbuchrecht" Ägyptens besitzt, ist es unumgänglich, näher auf dasselbe einzugehen.

---

[1] cf. die oben S. 3 Anm. 3 angeführten Urkunden.

[2] So Grenfell-Hunt, Oxy. II S. 179.

[3] cf. unten § 2.

[4] So Wessely an dem S. 3 Anm. 4 angegebenen Orte, cf. ferner Grenfell-Hunt, Teb. II Vorbemerkung zu Nr. 323: „approximately every ten years."

[5] Unrichtig wäre es, auch Oxy. I 34 hier anzuführen, so Bernhöft, Die Verbuchung der dinglichen Rechte an Grundstücken im griechischen Rechte S. 35 Anm. 5. M. E. hat dieses Edikt mit dem Grundbuchrecht speziell überhaupt nichts zu tun (anders Partsch, Longi temporis praescriptio S. 143 Anm. 1), bezieht sich vielmehr allgemein auf die Urkundenregistrierung im Ναναῖον und der Ἁδριανὴ βιβλιοθήκη. Daß dies alexandrinische Behörden waren, darf wohl heute als feststehend gelten. Das Ναναῖον wird in Oxy. I 34; Lips. 10 Col. II Z. 26; Lond. III 949 genannt und ist vielleicht auch mit der bei Wessely, Specimina isagogica, Tab. 7 Nr. 8 Z. 31, 32 erwähnten βιβλιοθήκη gemeint.

Die im Edikt enthaltenen Bestimmungen lassen sich zunächst in zwei Gruppen scheiden. Zu der einen gehören alle die Vorschriften, die sich auf die einzureichenden Deklarationen beziehen; zu der anderen die Bestimmungen, die die Richtigkeit der neu anzulegenden διαστρώματα gewährleisten sollen: so die Anweisung an die Notariate μηδὲν δίχα ἐπιστάλματος τοῦ βιβλιοφυλακ[ίου] τελειῶσαι,[1] ferner die Vorschriften über die alle fünf Jahre vorzunehmende Erneuerung der Immobiliarübersichten und die Aufbewahrung der in den Bibliotheken etwa noch vorhandenen früheren ἀπογραφαί und διαστρώματα. Nur die zur ersten Gruppe gehörenden Bestimmungen sollen an dieser Stelle besprochen werden.

Sie lauten folgendermaßen:

Oxy. II 237 Col. VIII Z. 31 ff.

Z. 31 *Κελεύω οὖν πάντας τοὺς κτήτορας ἐντὸς μηνῶν ἓξ ἀπογρά-*

Z. 32 *ψασθαι τὴν ἰδίαν κτῆσιν εἰς τὴν τῶν ἐγκτήσεων βιβλιοθήκην καὶ τοὺς δανειστὰς ἃς ἐὰν ἔχωσι ὑποθήκας καὶ τοὺς ἄλλους*

Z. 33 *ὅσα ἐὰν ἔχωσι δίκαια, τὴν δὲ ἀπογραφὴν ποιείσθωσαν δηλοῦντες πόθεν ἕκαστος τῶν ὑπαρχόντων καταβέβηκεν εἰς αὐτοὺς*

Z. 34 *ἡ κτῆσ{ε}ις· παρατιθέτωσαν δὲ καὶ αἱ γυναῖκες ταῖς ὑποστάσεσι τῶν ἀνδρῶν ἐὰν κατά τινα ἐπιχώριον νόμον κρατεῖται τὰ ὑπάρ-*

Z. 35 *χοντα, ὁμοίως δὲ καὶ τὰ τέκνα ταῖς τῶν γονέων οἷς ἡ μὲν χρῆσ{ε}ις διὰ δημοσίων τετήρηται χρηματισμῶν, ἡ δὲ κτῆ-*

Z. 36 *σις μετὰ θάνατον τοῖς τέκνοις κεκράτηται, ἵνα οἱ συναλλάσσοντες μὴ κατ' ἄγνοιαν ἐνεδρεύονται.*

Es handelt sich in erster Linie um die Feststellung, welchen Personen durch das Edikt die Verpflichtung zur Einreichung von Deklarationen auferlegt wird. Das Edikt spricht zunächst von den κτήτορες, den Grundstückseigentümern.[2] *Πάντες οἱ κτήτορες* sollen ἀπογραφαί einreichen; alles Privatland, somit auch

[1] Eine interessante Parallele zu dieser Vorschrift bietet das Hannoversche Edikt vom 6. Oktober 1712, abgedruckt bei A. Leonhardt, Zur Lehre von den Rechtsverhältnissen an Grundeigentum, 1843; S. 5 und 6.

[2] κτῆσις = Eigentum cf. Mitteis, Archiv I 188, letzte Zeile; demnach κτήτωρ = Eigentümer, cf. z. B. Teb. II 378 Z. 24.

Katökenland[1] soll einbekannt werden. Andererseits ist aber nur von *ἰδία κτῆσις* die Rede, wir sehen also, daß *γῆ βασιλική*, *ἱερά* und *οὐσιακή* nicht deklariert zu werden brauchen. Neben dem Privateigentum kommen aber als Gegenstand der *ἀπογραφαί* noch in Betracht Hypotheken und die *δίκαια* der in Zeile 32 erwähnten *ἄλλοι*. Wer sind diese *ἄλλοι*? M. E. kann kein Zweifel sein, daß unter ihnen die Inhaber von iura in re aliena zu verstehen sind.[2] Dies dürfen wir wohl daraus schließen, daß, wenn z. B. Pächter damit gemeint wären, es unerklärlich wäre, daß in keiner der vielen uns erhaltenen *ἀπογραφαί* von Grundstückspächtern die Rede ist.

Die Zeilen 32 und 33 lassen nun eine doppelte Interpretation zu: entweder sind die Worte *τοὺς δανειστὰς* und *τοὺς ἄλλους* Objekt zu *ἀπογράψασθαι*, oder aber sie sind, koordiniert dem *τοὺς κτήτορας*, abhängig von *κελεύω*.[3] Im ersten Falle hätten also die Grundstückseigentümer nicht nur ihr Eigentum, sondern auch die an diesen Grundstücken bestehenden Hypotheken und anderen iura in re aliena zu deklarieren. Schließt man sich aber der zweiten Auffassung an, so kommt man zu dem Resultat, daß auch die Hypothekengläubiger und die Inhaber der anderen begrenzt dinglichen Rechte *ἀπογραφαί* einzureichen hatten. Die Frage, für welche der beiden Alternativen wir uns zu entscheiden haben, läßt sich heute wohl noch nicht mit voller Sicherheit beantworten, doch möchte ich der zuletzt genannten Auffassung den Vorzug geben[4] und zwar aus folgenden Gründen:

1. Wir haben in Pap. Lips. 8 und 9 zwei reguläre Deklarationen von Hypothekengläubigern. Konnten diese also, wie wir hieraus sehen, selbständig ihre Rechte anmelden, so ist nicht einzusehen, warum sie gerade bei den zum Zweck der Erneuerung der *διαστρώματα* angeordneten generellen *ἀπογραφαί* von der selbständigen Anmeldung hätten ausgeschlossen sein sollen.

2. Wie aus Zeile 34 f. unseres Edikts hervorgeht, sollen die Kinder die ihnen am Vermögen ihrer Eltern zustehende *κατοχή*, und die Ehefrauen die ihnen nach enchorischem Recht am Ver-

---

[1] cf. Oxy. II 248 Z. 22; BGU. II 420 Z. 11; 536 Z. 15. cf. unten S. 19, 20.

[2] So auch Ruggiero, Bull. dell' istit. di dir. rom. Bd. XIII 66: „ciascun altro i diritti ch' egli avesse sui fundi altrui".

[3] cf. Dareste, Nouvelles études d'histoire du droit, 1902, S. 204 Anm.

[4] So auch Dareste und Ruggiero, l. c.

mögen der Ehemänner zustehende Legalhypothek verbuchen lassen, d. h. wohl: sie sollen selbständig ihre Rechte anmelden.[1] Analog[2] wird man das Gleiche auch bei den übrigen iura in re aliena vermuten dürfen.

Daraus, daß in BGU. II 536[3] einer auf die Anordnung des Rufus hin eingereichten ἀπογραφή der Eigentümer auch die hypothekarische Belastung eines seiner Grundstücke angibt,[4] wird man kaum irgendwelche sichere Schlüsse bezüglich unserer Frage ziehen können.

Des Näheren bestimmt das Edikt, daß die Deklarationen innerhalb sechs Monaten einzureichen sind, und daß die Deklaranten in ihnen den Erwerbstitel anzugeben haben. Dieses δηλοῦν des Titels besteht nun regelmäßig nur in einer einfachen Erklärung, deren Richtigkeit bisweilen[5] eidlich versichert wird, ja, in mehreren ἀπογραφαί fehlt sogar auch diese, so in Fay. 32; Gen. 27; BGU. II 420 (?). Diesen letzteren ἀπογραφαί ist gemeinsam, daß in ihnen der Deklarant verspricht, bei einer etwaigen Veräußerung sein Eigentumsrecht bzw. die Pfandfreiheit[6] seines Grundstücks nachzuweisen. Daß in der Regel eine Nachprüfung der von den Deklaranten gemachten Angaben durch die βιβλιοφύλακες stattgefunden hat, wie Mitteis[7] und Wilcken[8] an-

---

[1] Analog zu Oxy. IV 713, einer regulären ἀπογραφή.

[2] Hiergegen könnte folgendes geltend gemacht werden: Wenn diese Rechte mit den Hypotheken und den übrigen iura in re aliena gleich behandelt werden, weshalb trifft dann das Edikt über sie eine besondere Bestimmung? Haben die Kinder und Ehefrauen ihre κατοχή zu deklarieren, wie die übrigen Berechtigten, so scheint ja die Spezialvorschrift Z. 34 f. überflüssig zu sein, da das Edikt in Zeile 32, 33 ganz allgemein sagt: καὶ τοὺς ἄλλους ὅσα ἐὰν ἔχωσι δίκαια. Nehmen wir daher an, daß, was die Deklaration anlangt, alle Rechte gleich behandelt wurden, so erhebt sich die Frage, worin dann die für die κατοχή der Kinder und Ehefrauen vermutlich geltende Besonderheit bestanden hat; cf. darüber unten S. 23 f.

[3] In BGU. II 536 ist zu lesen in Z. 16: ἀντίγρα(φον) ση[μειώ]σε(ως) und in Z. 17 καταχ̣ε̣χ(ώρικα) statt καταχε̣ι̣μ(. . .).

[4] Außer in BGU. II 536 findet sich, was die generellen ἀπογραφαί anlangt, ein auf die Belastung bzw. Nichtbelastung der deklarierten Grundstücke bezüglicher Zusatz, soweit ich sehe, nur noch in BGU. I 112 Z. 11, 12 und vielleicht auch BGU. II 420 Z. 9. Unrichtig Bernhöft l. c. S. 30.

[5] So z. B. Oxy. III 482 Z. 37 f.; IV 715 Z. 26 f.

[6] Gen. 27 Z. 15 f.; cf. Archiv III 390, 391.

[7] Archiv I 188.

[8] Ostraka I 476.

genommen haben, wird bestätigt durch die subscriptio in Oxy. IV 715 Z. 36: *κ[α]τακεχώ(ρικα) ἀδιακ(ρίτως)*.[1]

Zum Schluß dieses Paragraphen sei noch auf folgendes hingewiesen[2]: in allen unseren *ἀπογραφαί* fehlt[3] die Angabe der Lage des deklarierten Grundstücks (Orientierung nach den Nachbarn), die Werttaxierung, der Steuersatz, bei Hausgrundstücken[4] insbesondere der Umfang nach Ellen, bei Feldgrundstücken[5] die Kulturart.

§ 2.

Die βιβλιοθήκη ἐγκτήσεων.

I. Bevor wir versuchen, den Begriff der *διαστρώματα* näher zu bestimmen, soll kurz auf die Behörde eingegangen werden, die diese Immobiliarübersichten zu führen hatte.

Die *βιβλιοθήκη ἐγκτήσεων*,[6] an deren Spitze zwei *βιβλιοφύλακες* stehen,[7] ist uns bezeugt für Oxyrhynchos,[8] Arsinoe,[9] Herakleopolis,[10] Hermupolis[11] und neuestens auch Antinoupolis.[12] Verallgemeinernd werden wir sagen dürfen, daß in jedem Gau eine solche *βιβλιοθήκη* bestanden hat. Zweifelhaft ist nun das Verhältnis dieser Bibliothek zum allgemeinen Gauarchiv, der *δημοσία βιβλιοθήκη*. Zwei Ansichten sind in der Literatur vertreten: nach Wilcken[13] ist sie nur ein Ressort des allgemeinen

---

[1] = citra causarum cognitionem cf. Wilcken, Archiv IV 254. Über die Bedeutung des *καταχωρίζειν*: Wilcken, Ostraka I 479 Anm. 1.

[2] cf. Wilcken, Ostraka I 481.

[3] cf. dagegen die ptolemäische Immobiliar-*ἀπογραφή* Lond. I Nr. 50 (S. 49). Hierzu Wilcken, l. c. S. 357f.; Bouché-Leclercq, Histoire des Lagides III 293.

[4] Z. B. Oxy. II 247; 248 Z. 17f.; 249; Oxy. III 481; 482; Oxy. IV 715 Z. 13f.

[5] Z. B. Oxy. II 248 Z. 20f.; Oxy. IV 715 Z. 21 ff.

[6] Nicht zu verwechseln mit der *Ἀδριανή βιβλιοθήκη*, cf. oben § 1 S. 6 Anm. 5. Unrichtig Bernhöft l. c. S. 41.

[7] Mitteis, Archiv I 185.

[8] cf. Oxy. II 237 Col. V Z. 10, 17; Col. VIII Z. 28—30.

[9] Z. B. BGU. II 536 Z. 2.

[10] Oxy. IV 715 Z. 1, 2 und die bei Hartel „Über die griechischen Papyri Erzherzog Rainer" S. 66 in Anmerkung 30 angeführte Urkunde.

[11] Z. B. Fior. 1 Z. 11.

[12] Str. I Nr. 34.

[13] Ostraka I 461. Die *δημοσία βιβλιοθήκη* zerfiel dann wohl in die *βιβλιοθήκη δημοσίων λόγων* und die *βιβλιοθήκη ἐγκτήσεων* cf. Str. I 34 Z. 2.

Archivs, nach Naber[1] und Preisigke[2] eine selbständige Behörde. Welche dieser beiden Auffassungen das Richtige trifft, muß m. E. noch dahingestellt bleiben.

Fragen wir nach der Kompetenz der *βιβλιοθήκη ἐγκτήσεων*, so können wir zunächst nur sagen, daß sie speziell für Immobiliarangelegenheiten zuständig gewesen sein wird. Hierauf deutet zunächst schon der Name: *βιβλιοθήκη ἐγκτήσεων*. *Ἔγκτησις* als Terminus der griechischen Rechtssprache bedeutet das Recht des Staatsfremden zum Grundstückserwerb.[3] Stets bezieht sich *ἔγκτησις* auf Immobilien, auch wohl da, wo der in der Regel sich findende Zusatz[4] *γῆς καὶ οἰκίας* fehlt.[5] Es liegt daher nahe, dem Wort *ἔγκτησις* in der Verbindung *βιβλιοθήκη ἐγκτήσεων* die Bedeutung Grundbesitz beizulegen, in der es wohl auch in Lond. III Nr. 903 Z. 9 (S. 116) und Oxy. IV 705 Col. III Z. 61[6] verwendet wird. Beachtet man nun weiter, daß sämtliche bisher publizierten, an die *βιβλιοφύλακες* gerichteten *ἀπογραφαί* ohne Ausnahme[7] Immobilien bzw. dingliche Rechte an solchen zum Gegenstande haben, so kann m. E. an der Richtigkeit der obigen Behauptung kaum ein Zweifel bestehen. Wir werden daher wohl anzunehmen haben, daß die Führung der *διαστρώματα*, der Immobiliarübersichten, und was damit zusammenhängt, wie z. B. die Aufbewahrung der *ἀπογραφαί* und der mit diesen eingereichten Urkunden, wenn auch vielleicht nicht die einzige, so doch die wichtigste Aufgabe der *βιβλιοθήκη ἐγκτήσεων* gebildet hat.

Einige Worte sind noch zu sagen über die eben erwähnte

---

[1] Archiv I 321.

[2] Pap. Str. I S. 125.

[3] Guiraud, La propriété foncière en Grèce S. 152—157. Beauchet, Histoire du droit privé de la républiquc Athénienne III 86ff., insbes. 89. Daremberg-Saglio, Dictionnaire des antiquités Grecques et Romaines II 494.

[4] cf. die vielen Belege bei Larfeld, Handbuch der griechischen Epigraphik I (1907) 520f., II 794.

[5] Xenophon, Hell. 5. 2, 19, zitiert bei Guiraud l. c. S. 156.

[6] cf. Wilcken, Archiv III 312.

[7] Ich übersehe nicht, daß bei Wessely, Karanis und Soknopaiu Nesos S. 31 PR. 144 zitiert ist „die Meldung des Verkaufs eines Sklaven an die *βιβλιοφύλακες*, doch möchte ich hieraus allein keine Schlüsse ziehen, zumal da an derselben Stelle behauptet wird (ohne Angabe von Gründen), Pap. Lond. II Nr. 299 (S. 151) betreffe eine Sklaven-*ἐκχώρησις*. Über diese Urkunde cf. unten S. 37.

Aufbewahrung von Urkunden, ein Punkt, der von PREISIGKE[1] so sehr betont wird, daß er unsere *βιβλιοθήκη* als „Staatsamt zur Verwahrung privater Besitzurkunden" charakterisiert. M. E. wäre diese Bezeichnung nur dann zutreffend, wenn der Urkundenverwahrung selbständige Bedeutung beizumessen wäre. Dies ist jedoch, glaube ich, nicht der Fall. Wir haben in den Quellen keinen einzigen sicheren Beleg[2] dafür, daß Urkunden von Privatpersonen an die *βιβλιοθήκη* eingereicht werden ausschließlich oder auch nur in erster Linie zum Zweck der Deponierung, vielmehr erfolgt die Einreichung, soweit ich sehe, stets in Verbindung mit einer *ἀπογραφή*[3] zum Zweck des Nachweises des Erwerbstitels. Die Deponierung der Urkunden in der *βιβλιοθήκη* ist daher m. E. nur als Begleiterscheinung der auf Grund[4] der *ἀπογραφαί* vorzunehmenden Eintragungen aufzufassen, vielleicht vergleichbar mit der Aufbewahrung von Urkunden bei unseren heutigen Grundbuchämtern.[5]

Abgesehen von den von Privatpersonen eingereichten Urkunden werden in der *βιβλιοθήκη ἐγκτήσεων*, wie Lips. 9 Z. 22 beweist, *εἰρόμενα*[6] der Trapeziten aufbewahrt, doch ist in dieser Beziehung noch manches unklar.[7] Daneben erhalten die *βιβλιοφύλακες* von den Trapeziten Register zugesandt, die die *διαγραφαί* auszugsweise enthalten.[8] Wir werden wohl annehmen dürfen,

---

[1] Pap. Str. I S. 125.

[2] Über Lips. 9 Z. 23: ε[ἰς τὸ] τὴν παράθεσιν γενέσθαι cf. unten § 6. Auch BGU. II 388 Col. II Z. 33 τὰς ταβέλλα[ς] τὰ[ς κει]μένας παρὰ Γεμέλλῳ βιβλιοφύλακι spricht nicht für die PREISIGKEsche Auffassung. Da die Verhandlung in Alexandrien geführt wird (cf. Archiv IV 395), wird der hier genannte βιβλιοφύλαξ ein Beamter der βιβλιοθήκη Ἀδριανή oder des Ναναῖον sein.

[3] cf. unten S. 41 f.

[4] Unten § 7.

[5] Grundbuchordnung § 9.

[6] Über den Begriff des εἰρόμενον cf. WILCKEN, Archiv IV 462, 463.

[7] Bestanden z. B. die an die βιβλιοθήκη eingereichten εἰρόμενα aus Kopien oder den Originalen der διαγραφαί, umfaßten sie nur solche διαγραφαί, die Immobiliarrechtsgeschäfte enthielten, oder sämtliche innerhalb eines bestimmten Zeitraums von der Bank errichteten Urkunden? Wäre die in Fior. 46 Z. 1 genannte χωρικὴ βιβλιοθήκη identisch mit der βιβλιοθήκη ἐγκτήσεων, so müßte letzteres angenommen werden. Ein aus Originalen bestehendes εἰρόμενον ist wohl Lond. III Nr. 1164 (S. 154ff.), doch wissen wir nicht, ob dieses εἰρόμενον in der βιβλιοθήκη ἐγκτήσεων deponiert war.

[8] Fior. 24.

daß in gleicher Weise die Notariate sowohl Kopien der vor ihnen errichteten Urkunden, wie auch *ἀναγραφαί* an die *βιβλιοφύλακες* einzureichen hatten.[1] Welchen Zwecken die Deponierung dieser Urkunden in der *βιβλιοθήκη* diente, werden wir an späterer Stelle[2] sehen.

II. Was die Zeit der Begründung der *βιβλιοθῆκαι ἐγκτήσεων* anlangt, so hat Preisigke,[3] von der Annahme ausgehend, daß wir es mit einer selbständigen Behörde zu tun haben, zusammengestellt, was sich heute hierüber den Quellen entnehmen läßt.[4] Unter dieser Voraussetzung käme man zu dem Ergebnis, daß die Einführung der *βιβλιοθῆκαι ἐγκτήσεων* keineswegs zusammenfällt mit der Einführung der *διαστρώματα*, denn diese sind durch die generelle *ἀπογραφή* des Jahres 63 schon für dieses Jahr bezeugt, während nach Preisigke die Errichtung der *βιβλιοθήκη ἐγκτήσεων* z. B. im Faijum erst nach dem Jahre 67[5] erfolgt wäre. Die Aufstellungen Preisigkes treffen naturgemäß nicht zu, wenn man mit Wilcken unsere Bibliothek als ein Ressort des allgemeinen Gauarchivs auffaßt. Bei dieser Annahme muß auf jede genauere Zeitbestimmung der Begründung der *βιβλιοθῆκαι ἐγκτήσεων* zurzeit verzichtet werden; nur so viel werden wir mit einiger Wahrscheinlichkeit behaupten dürfen, daß sie — dann wohl gleichzeitig mit der Einführung der *διαστρώματα* — im ersten Jahrhundert der Römerherrschaft[6] erfolgt ist. Ein

---

[1] Einen positiven Beweis hierfür haben wir allerdings nicht, insbesondere darf nach dem in § 1 S. 6 Anm. 5 Gesagten Oxy. I 34 hier nicht herangezogen werden. Auch BGU. I 76 und PER. Nr. 2304 (Führer d. d. Ausstellung der Papyrus Erzherzog Rainer Nr. 264) beweisen nur, daß überhaupt Urkunden in der *βιβλιοθήκη ἐγκτήσεων* deponiert wurden.

[2] Unten S. 42.

[3] Pap. Str. I S. 125, 126.

[4] Unzutreffend scheinen mir die Ausführungen Preisigkes über die *βιβλιοθήκη ἐγκτήσεων* in Oxyrhynchos. Wie die Eingangsworte des Edikts des Rufus beweisen, besteht die *β. ἐ.* in Oxyrhynchos schon im Jahre 90 p. Daß in der hypomnematischen Anrede der Immobiliardeklarationen dieses Gaues nur *βιβλιοφύλακες* schlechthin, niemals *βιβλιοφύλακες ἐγκτήσεων* genannt werden, ist m. E. lediglich stilistische Singularität. Oxy. IV 715 vom Jahre 131 muß außer Betracht bleiben, da diese Deklaration an die *βιβλιοφύλακες* von Herakleopolis gerichtet ist (cf. Pap. Str. I S. 126 Anm. 1).

[5] BGU. II 379! cf. auch Naber, Archiv I 321.

[6] Wenn Rufus sagt: *καίτοι πολλάκις κριθέν κτλ.*, so dürfen wir wohl

positives Argument läßt sich freilich hierfür nicht beibringen; wir müssen uns mit dem negativen begnügen, daß die ptolemäischen Papyri uns zwar die Existenz eines Katasters bezeugen, aber weder die βιβλιοθήκη ἐγκτήσεων noch die διαστρώματα kennen.[1]

Klarer sehen wir in der Frage, wie lange die βιβλιοθῆκαι ἐγκτήσεων bestanden haben. Soweit ich das Material zu überblicken vermag, finden wir die βιβλιοθήκη bzw. die βιβλιοφύλακες ἐγκτήσεων noch für die Jahre 274 p.[2] und 289 p.[3] bezeugt, für die jüngere Zeit dagegen nicht mehr. Es ist nun sehr bemerkenswert, daß vom letzten Jahrzehnt des dritten Jahrhunderts ab die Immobiliardeklarationen nicht mehr an βιβλιοφύλακες gerichtet werden: so Fior. 32 vom Jahre 298, wo zum ersten Male ein censitor[4] begegnet, ferner die von Goodspeed in den Mélanges Nicole S. 187ff. publizierten ἀπογραφαί,[5] die an die ἀναμετρηταὶ τοπαρχίας adressiert sind. Da wir nun wissen, daß unter Diokletian zum Zweck der Steuerreform eine allgemeine Katastrierung des Reichs durchgeführt worden ist,[6] so werden wir annehmen dürfen, daß diese an den censitor und die ἀναμετρηταί gerichteten Deklarationen, in denen im Unterschied von den im vorigen Paragraphen besprochenen generellen ἀπογραφαί auf ein

---

hieraus schließen, daß schon vor dem Jahre 63, der ersten uns bezeugten διαστρώματα-Revision, generelle ἀπογραφαί angeordnet worden sind. Die διαστρώματα und βιβλιοθήκη werden daher wohl schon in der ersten Hälfte des ersten nachchristlichen Jahrhunderts bestanden haben.

[1] Bouché-Leclercq, Histoire des Lagides III 293—297, 296 Anm. 1.

[2] BGU. IV 1073.

[3] BGU. I 94 cf. Wilcken, Ostraka I 483 Anm. 2.

[4] An den censitor gerichtete ἀπογραφαί werden erwähnt in Amh. 83; BGU. IV 1049 Z. 5, 6; cf. auch BGU. III 917 Z. 6 und Str. I 42 (Subjektsdeklaration).

[5] Zur Datierung dieser ἀπογραφαί: Wilcken, Archiv IV 175.

[6] Bruns-Sachau, Syrisch-Römisches Rechtsbuch S. 287f., zu L. § 121. Sachau, Syrische Rechtsbücher (1907), R. II § 151, cf. auch S. 197. Lydus, de magistr. 1, 4: ἀνεμετρήσατο τὴν ἤπειρον καὶ τοῖς φόροις ἐβάρυνεν (zitiert bei Zachariae von Lingenthal, Sav. Z. 9, S. 263 Anm. 4). Zur Diokletianischen Steuerreform: Marquardt, Römische Staatsverwaltung II (2. Aufl.) 224ff. Seeck, Die Entstehung des Indiktionenzyklus: Deutsche Ztschr. f. Geschichtswissenschaft XII 279—296; die Schatzungsordnung des Diokletian: Ztschr. f. Sozial- u. Wirtschaftsgeschichte IV 275—342.

πρόσταγμα der Kaiser Bezug genommen wird,[1,2] mit der Neukatastrierung Ägyptens in Zusammenhang stehen. In Verbindung mit dieser Reform scheinen die *βιβλιοθῆκαι ἐγκτήσεων* abgeschafft worden zu sein.

§ 3.

Die διαστρώματα und καταλοχισμοί.

I. Wir haben zu Beginn unserer Untersuchung die *διαστρώματα* allgemein als Übersichten[3] über den Immobiliarbesitz bezeichnet. Mehr können wir dem Edikt des Mettius Rufus nicht entnehmen, höchstens könnten wir, da ja die *διαστρώματα* auf den generellen *ἀπογραφαί* aufgebaut waren und diese auch die begrenzt dinglichen Rechte zum Gegenstande hatten, ergänzend hinzufügen: „und über die an diesem bestehenden iura in re aliena".

Wollen wir zu einer präziseren Begriffsbestimmung der *διαστρώματα* gelangen, so ist es nötig, eine Vorfrage zu beantworten, nämlich die Frage: Waren unsere Übersichten nach Personal- oder nach Realfolien angelegt? Schon aus der Vorschrift des Mettius Rufus über die alle fünf Jahre vorzunehmende Erneuerung der *διαστρώματα*, die erfolgen soll:

> *μεταφερομένης εἰς τὰ καινοποιούμενα* (scil. *διαστρώματα*) *τῆς τελευταίας ἑκάστου ὀνόματος ὑποστάσεως κατὰ κώμην καὶ κατ' εἶδος*

---

1 In den von Goodspeed edierten *ἀπογραφαί* außerdem auf eine Anordnung des Rationalis. Eine *κατ' ἐνκέλευσιν* des Rationalis, wohl an die *βιβλιοφύλακες* gerichtete *ἀπογραφή* ist, wie Wilcken, Archiv IV 540 gezeigt hat, die in Oxy. I 78 Z. 17 genannte Deklaration, doch läßt sich m. E. nicht sicher entscheiden, ob es sich hier um eine generelle oder um eine reguläre *ἀπογραφή* handelt. Eher möchte ich das letztere annehmen, da der Rationalis wohl kaum ohne den Präfekten generelle *ἀπογραφαί* hat anordnen können. Ist vielleicht der in Oxy. I 78 erwähnten *ἀπογραφή* ein Prozeß vor dem Rationalis als Richter vorausgegangen?

2 Bemerkenswert ist ferner, daß in den *ἀπογραφαί* Mél. Nicole S. 188/89 Fragment B Col. I Z. 6, Col. II Z. 6; S. 190 Fragment C Z. 11, 14 auch *βασιλικὴ γῆ* deklariert wird.

3 Das Wort *διάστρωμα* wird übrigens auch von anderen Übersichten gebraucht: cf. BGU. I 124, 1; BGU. II 484, 2; Teb. II 471 und die bei Spiegelberg, Demotische Papyrus der Straßburger Bibliothek S. 49 zitierte Urkunde.

hat MITTEIS[1] erschlossen, daß Personalfolien angelegt wurden, ein Ergebnis, das durch mehrere uns erhaltene *διαστρώματα*-Fragmente nämlich Oxy. II 274; BGU. III 959; BGU. IV 1072 Col. I und II bestätigt wird. Die beiden letzten Urkunden zeigen uns, daß an der Spitze jedes Foliums[2] der Name des Folieninhabers angegeben ist. Wie nun diese Folien im einzelnen eingerichtet waren, ob insbesondere als reine Personalfolien, so daß also der Inhalt des Blatts identisch war mit der Summe der einer bestimmten Person zustehenden eintragungsfähigen Aktivrechte, kann erst im folgenden Paragraphen erörtert werden. Wie verhält sich nun das *διάστρωμα* zu dem einzelnen Personalfolium?

Nach MITTEIS[3] ist beides identisch, *διάστρωμα* = Personalfolium. Es ist nun ohne weiteres zuzugestehen, daß die oben angeführte Bestimmung des Edikts des Mettius Rufus und namentlich die Wendung *διὰ τοῦ πρὸ τούτου διαστρώματος*[4] in den beiden Personalfolien BGU. IV 1072 (Col. I Z. 2 u. Col. II Z. 2) diese Bedeutung als die nächstliegende erscheinen lassen, doch steht ihr m. E. BGU. I 11 entgegen. Hier heißt es in Zeile 13, 14 nach WILCKENS[5] wohl zweifellos richtiger Ergänzung:

Δηλοῦμεν διακε[ῖσθαι]
[διὰ τοῦ διαστρ]ώματος τῆς κώμης κτλ.

Bezeichnete nun *διάστρωμα* das einzelne Folium, so müßte hier von dem Blatt die Rede sein, das nach dem Prinzip des Personalfoliums die der *κώμη* als juristischer Person gehörenden Grundstücke verzeichnete. Der Inhalt der Stelle ergibt ohne weiteres die Unmöglichkeit dieser Annahme. Schon hieraus folgt, daß die Voraussetzung, von der wir ausgegangen sind, unrichtig sein muß, die Gleichung *διάστρωμα* = Personalfolium also nicht zutreffend sein kann.

Aus dem angeführten Papyrus BGU. I 11 Z. 13, 14 erfahren

---

[1] Archiv I 199.

[2] Folium im juristischen Sinne als die Summe der auf ein *ὄνομα* bezüglichen Eintragungen.

[3] Archiv I 198; Sav. Z. 28 S. 388. Ebenso RUGGIERO, Bull. dell' ist. di dir. rom. XIII 68; P. M. MEYER, Klio VI 442.

[4] Hiermit wird auf die Erneuerung des *διάστρωμα* hingewiesen, cf. WILCKEN, Archiv IV 563.

[5] Archiv III 509.

wir, daß der κώμη ein διάστρωμα entspricht. Hiernach glaube ich, daß in BGU. III 959 Z. 1 die Abkürzung ἐκ διαστρω(. .) Σοκνοπ(αίου) Νήσου aufgelöst werden muß in ἐκ διαστρώ(ματος) und nicht, wie in der Edition, in ἐκ διαστρω(μάτων). Ist dies richtig, so folgt aus dieser Urkunde wohl mit Sicherheit die Bedeutung des Terminus διάστρωμα. BGU. III 959 ist ein Personalfolium. Wenn es nun heißt, daß dieses einzelne Folium dem διάστρωμα entnommen ist, so ist klar, daß das διάστρωμα der Oberbegriff sein muß: das διάστρωμα enthält die einzelnen Personalfolien.

Daß für jede κώμη ein διάστρωμα angelegt wird, die κώμη also, wenn wir die διαστρώματα als Grundbücher bezeichnen, den „Grundbuchbezirk" bildet, folgt auch aus BGU. IV 1072. Wenn es hier Col. I in Z. 7 heißt ἀπὸ τῆς αὐτῆς κώμης, ohne daß am Anfang des Personalfoliums (Z. 2) der Name der κώμη genannt wird, so müssen wir hieraus den Schluß ziehen, daß das ganze διάστρωμα, dem BGU. IV 1072 entnommen ist, sich auf eine und dieselbe κώμη bezieht.[1]

Hiermit ist nun auch die Frage gelöst, ob die von Mettius Rufus vorgeschriebene Anlegung der Personalfolien κατὰ κώμην als Ober- oder Untereinteilung der Folien aufzufassen ist: es kann kein Zweifel sein, daß sie im Sinne der ersten Alternative beantwortet werden muß. Was unter der Anlegung κατ' εἶδος zu verstehen ist, muß dahingestellt bleiben.[2]

Den Fragmenten BGU. III 959 und BGU. IV 1072 können wir über die Einrichtung der διαστρώματα des näheren folgendes entnehmen: die Überschrift in BGU. III 959 ἐκ διαστρώ(ματος) Σοκνοπ(αίου) Νήσου στοιχ(είου) ε̄ κολ(λήματος) ιξ̄ weist daraufhin, daß die Folien innerhalb des διάστρωμα nach Buchstaben, also alphabetisch angeordnet waren;[3] für jeden Buchstaben bestand vielleicht eine besondere Rolle. Dies wird jetzt durch die beiden Personalfolien BGU. IV 1072 bestätigt: die Namen der Folieninhaber beginnen beide mit dem Buchstaben Σ.

---

[1] So auch Wilcken, Archiv IV 563.

[2] Möglich, daß es sich um eine Untereinteilung der Folien handelt. Abzulehnen ist m. E. die von Preisigke, Pap. Str. I S. 123 gegebene Erklärung.

[3] cf. Weiss, Archiv IV 349 Anm.

Außer den bereits angeführten[1] Oxy. II 274; BGU. III 959; BGU. IV 1072 haben wir m. E. ein weiteres διάστρωμα-Fragment in Pap. Fior. 97. Vitelli schlägt mehrere Erklärungen dieser Urkunde vor. Er will sie auffassen entweder als registro riguardante contratti di proprietà immobiliare regolarmente denunziata, ja direkt als registro di siffatte ἀπογραφαί, oder aber als eine der bekannten ἀναγραφαὶ συμβολαίων.[2] Ein Vergleich mit diesen macht zunächst diese letzte Annahme sehr unwahrscheinlich, aber ebensowenig möchte ich einer der beiden anderen vom Editor vorgeschlagenen Erklärungen zustimmen, da mir gegen sie schon die äußere Beschaffenheit der Urkunde zu sprechen scheint. Nach den Z. 9, 11, 22, 26 finden sich größere Zwischenräume, forse serbati per aggiunte di mutamenti eventuali in anni posteriori. Daß nun in einem Register von Kontrakten oder von ἀπογραφαί die später an den betreffenden Grundstücken eingetretenen Rechtsänderungen nachgetragen wurden, dürfen wir m. E., solange wir nicht sichere Belege dafür haben, nicht annehmen. Dagegen paßt die äußere Struktur unseres Papyrus sehr wohl zu einem διάστρωμα-Fragment. Das Voranstehen des Namens in Z. 12, 23, 27 findet sich in derselben Weise in BGU. III 959 Z. 3; BGU. IV 1072 Col. I Z. 2; Col. II Z. 1. Man beachte weiter, daß sich die Zwischenräume zwischen den Z. 11 und 12, 22 und 23, 26 und 27 finden, also unter der Annahme, daß unsere Urkunde ein διάστρωμα-Bruchstück ist, stets zwischen zwei aufeinander folgenden Personalfolien, offenbar, was ja kaum der Erwähnung bedarf, um spätere Eintragungen auf diesen Folien zu ermöglichen. Ferner sei auf das in Z. 11, 17, 22, 26 hinter den einzelnen Eintragungen stehende „σεσημείωμαι" hingewiesen, das in derselben auffallenden Weise in BGU. IV

[1] Grenfell-Hunt führen in den Descriptions noch Oxy. II 360 und Oxy. IV 808 als διάστρωμα-Fragmente an. Die zuletzt genannte Urkunde möchte ich nicht hierher zählen, doch wage ich nicht, über die Natur dieses Fragments, das mit Amh. 98 Verwandtschaft zeigt, irgendwelche Vermutung aufzustellen. Als eine der gewöhnlichen ἀναγραφαί ist sie m. E. nicht aufzufassen. Sollte das mysteriöse ἐνχ(. .) λελυ(μένη?) zu erklären sein als ἐν⟨ε⟩χ(υρασία) λελυ(μένη)?

[2] Solche ἀναγραφαί sind Lips. 31 und die bei Koschaker, Sav. Z. 28 S. 288 Anm. 1 angeführten Urkunden, vielleicht auch Lond. III 1179 (S. 145 ff.) und Lond. III 1261 b (nicht publiziert). Über die ἀναγραφαί cf. Mitteis, Hermes 30 S. 596, 597.

1072 Z. 10 begegnet. Was endlich die regelmäßige Bezugnahme auf eine ἀπογραφή bei jeder einzelnen Eintragung anlangt, so braucht diese m. E. in einem διάστρωμα-Fragment keineswegs als auffallend betrachtet zu werden.[1]

Wäre unsere Vermutung zutreffend, so hätten wir in Fior. 97b ein weiteres Beispiel dafür, daß die Personalfolien innerhalb des διάστρωμα alphabetisch angelegt waren (στοιχεῖον Π).

II. Was den Inhalt der διαστρώματα anlangt, so können wir uns hier kurz fassen. Gehen wir auf Grund des Edikts des Mettius Rufus von der Voraussetzung aus, daß die διαστρώματα auf den ἀπογραφαί aufgebaut waren, so dürfen wir hieraus schließen, daß alle die Rechte, die Gegenstand der Deklarationen waren, in den διαστρώματα intabuliert wurden. Aber wir können wohl weitergehen und wenigstens als wahrscheinlich annehmen, daß, wie die ἀπογραφαί, so auch unsere Immobiliarübersichten auf γῆ ἰδιωτική[2]: Privatland inkl. Katökenland[3] und die an diesem bestehenden dinglichen Rechte beschränkt waren. Hätten die διαστρώματα z. B. auch γῆ βασιλική enthalten, so müßten wir erwarten, daß bei ihrer Neuanlegung auch von den Besitzern von Staatsland Deklarationen eingefordert worden wären.

Welche Rechte und eventuell Tatsachen im einzelnen eingetragen wurden, wird sich aus den §§ 7 ff. ergeben.

III. Neben den διαστρώματα finden wir für eine besondere Klasse von Grundstücken, nämlich die κλῆροι κατοικικοί noch spezielle Übersichten, die sogenannten καταλοχισμοί,[4] die wir im folgenden kurz als Katökenkataster bezeichnen wollen. Katökenland ist, wie bereits hervorgehoben worden ist, in der Kaiserzeit Privatland,[5] als solches in den διαστρώματα verbucht.[6] Daß nun

---

[1] cf. unten § 7 S. 50 Anm. 3.

[2] Der Ausdruck γῆ ἰδιωτική kommt, soweit ich sehe, relativ selten vor: z. B. Lond. III S. 71; Fior. 50 Z. 73, 74, 75; Oxy. IV 718 Z. 11; Gen. 16 Z. 16.

[3] In der von Waszynski, Bodenpacht S. 81 Anm. 2 angeführten Abrechnungsliste Lond. II Nr. 192 Z. 83 (S. 224) werden die κλῆροι κατοικικοί unter die ἰδιωτικὰ ἐδάφη gerechnet.

[4] Der Terminus καταλοχισμός kommt schon in einem ptolemäischen Papyrus vor, cf. Petr. III S. 230, jedoch in anderer Bedeutung.

[5] cf. P. M. Meyer, Heerwesen S. 103 ff. Über die Rechtsverhältnisse an Katökenland zur Ptolemäerzeit cf. auch Bouché-Leclercq, Histoire des Lagides III 233; IV 14 Anm. 1.

[6] cf. BGU. III 959 Z. 7, 8.

für dieses Land noch ein besonderer Kataster geführt wird, wird sich daraus erklären, daß die *κλῆροι κατοικικοί* in mehrfacher Hinsicht eine Sonderstellung einnehmen: so lastet auf ihnen eine besondere Abgabe, das *ἀριθμητικόν*;[1] ferner gehören — und dies ist wohl der wichtigste Punkt — die Eigentümer dieser *κλῆροι* als solche zur privilegierten Klasse der von der Kopfsteuer, der *λαογραφία* befreiten „Katöken".[2]

Wie diese *καταλοχισμοί* im einzelnen angelegt waren, entzieht sich unserer Kenntnis. Möglich ist, daß, wie bei den *διαστρώματα*, so auch hier Personalfolien bestanden.[3] Was den Gegenstand der Eintragungen anlangt, so möchte ich annehmen, daß in diesem Kataster lediglich die Grundstückseigentümer, nicht auch die Inhaber von iura in re aliena intabuliert waren; wenigstens finde ich in den Quellen nichts, was auf die Verbuchung dieser Rechte hindeutete. Insbesondere darf aus Pap. Str. 52 Z. 7 nicht etwa geschlossen werden, daß Hypotheken in den *καταλοχισμοί* eingetragen werden konnten. Wenn es hier heißt:

ἐξέστω τῇ] δεδανικυίῃ . . μετεπιγραφῆναι διὰ τῶν καταλοχισμῶν τ[ὰ]ς ὑπ[οτ]εθειμ[έ]νας ἀρούρας,

so ist hier nicht von der Intabulierung der Hypothek die Rede, sondern, wie aus dem Zusammenhang hervorgeht, von der Umschreibung[4] der gemäß der lex commissoria in das Eigentum der Pfandgläubigerin übergehenden Pfandgrundstücke auf deren Namen.[5]

---

[1] Wilcken, Archiv IV 174; Archaeological Report 1906/7 S. 61.

[2] Wilcken, Ostraka I 241; Milne, A History of Egypt under Roman Rule S. 122.

[3] Ein Auszug aus den *καταλοχισμοί* ist uns in BGU. III 866 erhalten, doch läßt er die Anlage nicht sicher erkennen.

[4] cf. unten § 6.

[5] Auch aus Fior. 86 und 92 folgt nicht, daß Hypotheken in den *καταλοχισμοί* eingetragen wurden. In Fior. 92 wird wohl nach Fälligkeit des ersten der in Fior. 86 erwähnten fünf Darlehen die Umschreibung der verpfändeten Grundstücke auf die fiduziarische Gläubigerin angeordnet. Entweder hat nun m. E. die Darlehens-*συγγραφή* vom Jahre 82 eine Klausel wie Str. 52 Z. 7 enthalten oder es wird sich um fiduziarische Eigentumsübertragung der Pfandgrundstücke auf die (fiduziarische) Gläubigerin handeln. Über diese beiden Urkunden cf. Mitteis, Sav. Z. 27 S. 347,348. Gradenwitz, Sav. Z. 27 S. 336 ff. Rabel, Sav. Z. 28 S. 358, 359.

Zum Schluß soll kurz die Frage nach der Organisation der Katökenkatasterbehörde berührt werden. Da in Oxy. I 47 Z. 3, 4; Oxy. II 344; Grenf. II 42[1] und BGU. I 328 Z. 2[2] ein Beamter mit dem Titel: *ὁ ἀσχολούμενος τοὺς καταλοχισμοὺς τῆς Αἰγύπτου* bzw. *ὁ πρὸς καταλοχισμοῖς τῶν κατοίκων τῆς Αἰγύπτου* erwähnt wird, so dürfen wir wohl aus diesen Bezeichnungen schließen, daß für die *καταλοχισμοί* in Alexandrien eine Zentralbehörde bestanden hat. Diese scheint in den einzelnen Gauen[3] Exposituren gehabt zu haben: so hören wir in Oxy. I 174 und Oxy. II 346 von einem *ἐπιτηρητὴς καὶ χειριστὴς καταλοχισμῶν Ὀξυρυγχείτου*, in Fior. 92 von einem *ἀσχολούμενος τοὺς καταλοχισμοὺς τοῦ Ἑρμοπολίτου.* Ob das bis jetzt nur für das Faijûm bezeugte *κατοικικὸν λογιστήριον*[4] mit der *καταλοχισμοί*-Behörde identisch, oder ob etwa eine dieser beiden Behörden als Ressort der anderen aufzufassen ist, muß dahingestellt bleiben.

§ 4.
Das Personalfolium.

I. Fragen wir nach der Ausgestaltung des einzelnen Personalfoliums, so sind a priori drei Möglichkeiten gegeben, nämlich:

a) System des reinen Personalfoliums. Das Charakteristische dieses Systems besteht darin, daß alle einer Person zustehenden eintragungsfähigen Aktivrechte, aber auch nur diese, auf einem Folium zusammengeschrieben werden. Die an einem Grundstück bestehenden iura in re aliena sind hiernach nicht auf dem Folium des Eigentümers des belasteten Grundstücks, sondern auf den Folien der Berechtigten gebucht. Nicht nur der Immobiliareigentümer, sondern auch der Inhaber eines ius in re aliena als solcher erhält demnach ein selbständiges „Grundbuchblatt".

b) Ein selbständiges Folium erhalten nur die Grundstückseigentümer. Die iura in re aliena sind bei dem belasteten Grundstück eingetragen.

---

[1] In Z. 1 ist zu ergänzen *τῆς Α[ἰγύπτου]*. So schon Wilcken, Archiv I 126.

[2] Zu ergänzen nach Grenf. II 42 Z. 1.

[3] Im Faijûm in den einzelnen *μερίδες*? cf. BGU. 328 Z. 3: *τῷ τῆς Πολέ]μωνος μερίδος συντακτικῷ.*

[4] CPR. 1 Z. 11; 188 Z. 9; BGU. III 906 Z. 17, 18.

c) Die Kombination der beiden eben geschilderten Systeme: Wie bei a) erhält jeder Inhaber eines eintragungsfähigen Rechts ein besonderes Folium. Die iura in re aliena, die Grundstücksbelastungen, sind aber außerdem wie bei b) auf dem Folium des Eigentümers des belasteten Grundstücks intabuliert.

Lassen nun unsere Quellen eine Entscheidung darüber zu, welches dieser Systeme befolgt wurde? Das am besten erhaltene Fragment eines Personalfoliums, Pap. Oxy. II 274[1] läßt uns wohl so viel mit Sicherheit erkennen, daß in Oxyrhynchos die Hypotheken auf dem Folium des Hypothekengläubigers eingetragen wurden. Der Hypothekar ist zwar in diesem Falle, wie Z. 2ff. beweisen, Eigentümer von Grundstücken, hat also schon als solcher ein selbständiges Personalfolium; man wird jedoch kaum annehmen dürfen, daß damit die Intabulierung der Hypothek an dieser Stelle zusammenhängt. Ist dies richtig, so würde aus Oxy. II 274 folgen, daß die Folien entweder nach System a) oder c) angelegt waren.

Eine weitere Schlußfolgerung können wir aus der subscriptio des *βιβλιοφύλαξ* in Pap. Lips. 9 ziehen. Lips. 9 ist nach dem in § 1 aufgestellten Kriterium eine reguläre *ἀπογραφή* und zwar eine Deklaration von Hypothekengläubigern, die die deklarierte Hypothek durch Erbgang erworben haben. Die subscriptio des *βιβλιοφύλαξ* lautet nun, soweit sie hier für uns von Interesse ist:

Τῶν ἀπογραφομένων ἀφη[λίκ]ων τριῶν οὐ διακειμ(ένων) ἐν ὀνόμ(ατι) τῆς ὑποχρέου κτλ.[2]

Διακεῖσθαι[3] *ἐν ὀνόματι τοῦ δεῖνος* und *παρακεῖσθαι*[4] *τῷ ὀνόματι τ. δ.*

sind, wie die in Anm. 3 und 4 angeführten Stellen beweisen, die termini technici für unser „eingetragen sein“. Nachdem wir nun gesehen haben, daß die Folien Personalfolien waren, liegt es nahe, diese Wendungen zu übersetzen: eingetragen sein auf dem Folium des x. Diese Übersetzung ist aber m. E. dann die einzig

---

[1] Z. 8 ff.

[2] cf. Archiv III 559.

[3] cf. Lond. III Nr. 908 Z. 24 (S. 133); Lips. 3 Col. II Z. 25 (Archiv IV 459). *διακεῖσθαι ἐπ' ὀνόματος τ. δ.*: Gen. 44 Z. 16, 17; BGU. IV 1047 Col. IV Z. 5, 6.

[4] Lond. III 940 Z. 21, 22 (S. 118); 945 Z. 27, 28 (S. 121). Auch einfach *παρακεῖσθαι τῷ δεῖνι*: BGU. III 832 Z. 9; Fior. 92 Z. 3, 4; Oxy. II 237 Col. V Z. 21.

mögliche, wenn, wie in unserer subscriptio, das *διακεῖσθαι* nicht von Objekten, sondern von Personen, in unserem Falle von Pfandgläubigern, gesagt ist. Die Bedeutung unserer Stelle ist daher: „Die Deklaranten sind nicht auf dem Folium der Schuldnerin eingetragen.“[1] Hieraus dürfen wir wohl unbedenklich folgern, daß in Hermupolis die Hypotheken auf den Folien der Eigentümer der belasteten Grundstücke verbucht wurden, ein Eintragungsmodus, der, wie ohne weiteres ersichtlich ist, dem System b) oder c) entspricht.

Das Gleiche gilt von der Eintragung in BGU. IV 1072 Col. I Z. 5—9, wenn wir der von Mitteis[2] vorgeschlagenen Interpretation folgen, wonach Sansneus, der Ehemann, seiner Frau für die *φερνή* ein Generalpfandrecht eingeräumt hat.[3] Dieses Pfandrecht ist eingetragen auf dem Folium des Sansneus, des Verpfänders.

Kombinieren wir die aus Oxy. II 274; BGU. IV 1072; Lips. 9 gewonnenen Ergebnisse,[4] so dürfen wir wohl mit Wahrscheinlichkeit[5] behaupten, daß bei Hypotheken eine doppelte Intabulierung stattfand, nämlich auf dem dem Hypothekar als solchem zukommenden Folium und daneben auf dem Folium des Verpfänders (System c).

Die Frage, ob bei den anderen iura in re aliena das Gleiche galt, muß heute noch offen bleiben, da wir m. E. das für die Hypotheken gewonnene Resultat kaum ohne weiteres verallgemeinern dürfen. Nur bezüglich der *κατοχή* der Ehefrauen und Kinder läßt sie sich vielleicht vermutungsweise beantworten. Wir haben schon oben[6] darauf hingewiesen, daß diese Rechte vielleicht

---

[1] Über den Genetivus absolutus cf. Wilcken, Archiv IV 542.

[2] Sav. Z. 28 S. 388 Anm. 2. Dazu auch Wilcken, Archiv IV 563.

[3] Es handelt sich hier demnach um eine Konventionalhypothek, also wohl nicht um eine den Ehefrauen nach enchorischem Recht zustehende *κατοχή*. Die Form der Verpfändung ist in unserem Falle die gleiche wie in Lond. III Nr. 1166 Z. 17 (S. 105).

[4] Aus Oxy. II 237 Col. V Z. 21 *παρακειμένων αὐτῷ δανείων* läßt sich wohl nichts Sicheres schließen. Angenommen, daß es sich hierbei um hypothekarisch gesicherte Darlehen handelt — cf. unter § 10 S. 72 Anm. 6 — so können ebensogut Aktivhypotheken des Chaeremon damit gemeint sein, wie auch Hypotheken, die auf seinen Grundstücken lasten.

[5] Man wird immerhin mit der Möglichkeit rechnen müssen, daß in den einzelnen Gauen Verschiedenheiten bestanden; daher ergibt diese Kombination kein sicheres Resultat. Aus welchem Gau BGU. IV 1072 stammt, wissen wir nicht.

[6] § 1 S. 9 Anm. 2.

in irgend einer Beziehung verschieden von den übrigen iura in re aliena behandelt wurden. Wenn es im Edikt des Rufus von diesen Berechtigten heißt: *παρατιθέτωσαν . . ταῖς ὑποστάσεσι κτλ.*, wenn also hier auffallenderweise der Ausdruck *ἀπογράφεσθαι* vermieden wird, obwohl doch aller Wahrscheinlichkeit nach auch über diese Rechte *ἀπογραφαί* eingereicht werden mußten, so drängt sich die Vermutung auf, daß mit dem *παρατιθέναι ταῖς ὑποστάσεσι* eine prägnante Bedeutung verknüpft ist. *Παράθεσις* ist, wie wir unten[1] sehen werden, der terminus technicus für „Eintragung“. Übersetzen wir dementsprechend *παρατιθέναι ταῖς ὑποστάσεσι* etwa mit „eintragen lassen bei der *ὑπόστασις*“, so kämen wir also zu dem Resultat, daß die *κατοχαί* bei der *ὑπόστασις* der Eltern bzw. des Ehegatten, d. h. wohl auf deren Personalfolien intabuliert wurden. Ein Gegensatz zu dem bei Konventionalhypotheken geltenden Eintragungsmodus könnte dann vielleicht darin bestehen, daß die *κατοχή*-Berechtigten nicht wie die Hypothekare auch ein eigenes Folium erhielten, sondern nach System b) eingetragen wurden. Ob diese Vermutung das Richtige trifft, wird sich erst auf Grund neuen Materials feststellen lassen.

II. Das Aussehen eines einzelnen Personalfoliums lernen wir am besten aus Oxy. II 274 kennen. Die Urkunde enthält, um mit den Editoren zu sprechen, „a list of the seperate items of property“, wobei zwischen den einzelnen Eintragungen freier Raum gelassen ist, um Nachträge zu ermöglichen. So sind z. B. die späteren rechtlichen Schicksale der Z. 8 ff. eingetragenen Hypothek vermerkt: Z. 20 die *ἀνανέωσις*,[2] Z. 22 die *ἐπικαταβολή* und Z. 24, 25 die *ἐμβάδευσις*.[3] Von besonderem Interesse ist noch die Eintragung in Z. 40 ff., wo vermutlich gesagt ist, daß Sarapion, dessen Personalfolium wir vor uns haben, ein Grundstück verkauft hat; hiernach würde bei einem Verkaufe eine doppelte

---

[1] cf. § 6.

[2] Die Bedeutung der *ἀνανέωσις* ist noch nicht klargestellt; cf. Mitteis, Sav. Z. 23 S. 303, 304.

[3] Zum Begriff der *ἐμβάδευσις* neuestens Pappulias, *Ἡ ἐμπράγματος ἀσφάλεια κατὰ τὸ Ἑλληνικὸν καὶ τὸ Ῥωμαικὸν δίκαιον*, S. 135 ff. *ἐμβάδευσις* (*ἐμβαδεία*) = *ἡ πρὸς λῆψιν τῆς νομῆς ἐνέργεια* (S. 138). cf. auch Mitteis, Sav. Z. 27 S. 346, 348.

Eintragung erfolgen: einmal auf dem Folium des Veräußerers und dann natürlich auf dem des Erwerbers.

Was die Formulierung der Eintragungen anlangt, so sei bemerkt, daß in der Regel der Erwerbstitel angegeben wird, so Z. 4—6, Z. 18, 19; wahrscheinlich auch in BGU. III 959 Z. 7, wo, wie Z. 9 vermuten läßt, zu lesen sein wird: [*ἐπρίατο ἥμισ*]*υ μέρο(ς) κτλ.*

Ebenso wichtig wie der positive Inhalt unseres Foliums ist m. E. ein rein negatives Moment, das daher noch besonders hervorgehoben werden soll: weder die Lage der Grundstücke (die Orientierung nach den Nachbarn),[1] noch der Wert, noch der Steuersatz sind in unserem Folium angegeben. Ob das Fehlen dieser Punkte auf Zufall beruht oder nur die Folge davon ist, daß die *διαστρώματα* auf den *ἀπογραφαί*[2] aufgebaut waren, diese Frage kann heute noch nicht beantwortet werden; insbesondere dürfen wir m. E. aus BGU. I 94 Z. 7, 8 und BGU. II 667 Z. 7—9 nicht ohne weiteres schließen, daß die Grenzen der Grundstücke in den *διαστρώματα* verzeichnet waren,[3] da es meiner Meinung nach durchaus möglich ist, daß in diesen Stellen nur bezüglich der Rechtslage der Kaufgrundstücke auf die *δημόσια βιβλία* verwiesen wird.

II. Die Mitwirkung der βιβλιοθήκη ἐγκτήσεων bei dem Abschluß von Immobiliarrechtsgeschäften.

§ 5.

προσαγγελία und ἐπίσταλμα.[4]

I. Bei der Untersuchung der Frage, ob und wie die *βιβλιοθήκη ἐγκτήσεων* bei dem Abschluß von Immobiliarrechtsgeschäften

---

[1] Der *ὁρισμός* cf. Preisigke, Pap. Str. I S. 117; BGU. IV 1091 Z. 24, 25.

[2] Daß die an die *βιβλιοφύλακες* gerichteten *ἀπογραφαί* diese Punkte nicht enthielten, ist schon von Wilcken, Ostraka I S. 481 betont worden.

[3] A. A. Wilcken, l. c. S. 483.

[4] Literatur: Cuq. in Daremberg-Saglio, Dictionnaire des antiquités Grecques et Romaines IV S. 674; Mitteis, Archiv I S. 192 ff.; Naber, Archiv I S. 324 ff.; Preisigke, Pap. Str. I S. 123; Ruggiero, Bull. dell' ist. di dir. rom. XIII S. 67; Wilcken, Ostraka I S. 463.

mitzuwirken hatte, haben wir auszugehen von der Bestimmung des Edikts des Mettius Rufus: *παραγγέλλω δὲ καὶ τοῖς συναλλαγματογράφοις καὶ τοῖς μνήμοσι μηδὲν δίχα ἐπιστάλματος τοῦ βιβλιοφυλακ[ίου τελειῶσαι, γνοῦσιν ὡς οὐκ ὄφελος τὸ] τοιοῦτο ἀλλὰ καὶ αὐτοὶ ὡς παρὰ τὰ προστεταγμένα ποιήσοντες δίκην ὑπομενοῦσι τὴν προσήκουσαν.* Die Notariatsbeamten[1] sollen also zu keiner Kontraktserrichtung mitwirken, ohne vorher von der Bibliothek dazu ermächtigt zu sein. Näheres erfahren wir aus dem Edikt selbst nicht, insbesondere nicht, wer bei der *βιβλιοθήκη* um das *ἐπίσταλμα* nachsuchen muß, ob das Notariat oder die Kontrahenten, weiter auch nicht, an welche Voraussetzungen die Erteilung des *ἐπίσταλμα* geknüpft ist. Antwort auf diese Fragen geben uns nun mehrere Urkunden,[2] die wir mit Naber[3] kurz als *προσαγγελίαι* bezeichnen wollen. Als Beispiel führe ich hier BGU. II 379 vom Jahre 67 p. an. Dieses an die *βιβλιοφύλακες δημοσίας βιβλιοθήκης* von Arsinoe gerichtete *ὑπόμνημα* lautet mit Fortlassung der Eingangsformel und des Datums:

Z. 7: *Ἀφ' ὧν ἀπεγράψ[ατο ἑκάτερ]ος ἡμῶν διὰ*
Ἀμμωνίου καὶ Σαραπίωνος προτέρων βιβλ[ιοφ(υλάκων)]
βουλόμεθα παραχωρῆσαι [τῶ]ι γ[νησ]ίωι ἡμ[ῶν]
ὁμοπατρίωι καὶ ὁμομητρίωι ἀδελφῶ[ι]
Πετεεῦτι ἑκάτερος ἕκτον μέρος κ[οινὸν]
[κ]αὶ ἀδιαίρετον ἐλαιῶνος ἐν κατοικικῆι τ[άξει]
ἀρούρης μιᾶς περὶ Ψεναρψ[ε]νῆσιν, ὅ ἐστι [. . . .],
ἀφ' οὗ ἑκάτερος ἀπεγράψατο ἐλαιῶνος ἡμι[συ],
ὥστ' εἶναι ἐπὶ τὸ αὐτὸ τὸ ἐξοικονομούμεν[ον]
ἐλαιῶνος ἀρούρης τρίτον τειμῆς ἀργυρίο[υ]
δραχμῶν διακοσίων. Διὸ προσαγγέλλο[μεν],
ὅπως ἐπιστείλητε τῷ τὸ γραφεῖον Καραν[ίδος]
συνχρηματίζε(ιν) ἡμεῖν ὡς καθήκ(ει).

---

[1] Über die *συναλλαγματογράφοι* cf. Mitteis l. c. S. 192. Über die *μνήμονες* cf. Mitteis l. c. S. 191; Koschaker, Sav. Z. 28 S. 293.

[2] Es sind die folgenden: BGU. II 379; I 184; Fay. 154; Lond. III Nr. 903 (S. 116); Oxy. III 483; 588; Lond. II Nr. 299 (S. 151); Nr. 300 (S. 151/2); Fay. 31; PER. 1436, teilweise publiziert von Hartel l. c. S. 64, 65; CPR. 196 (cf. Archiv I S. 153); Fior. 67 (cf. Archiv IV 450, 451). Ein Register solcher Urkunden ist wohl PER. Nr. 1603, Führer durch die Ausstellung der Papyrus Erzherzog Rainer Nr. 279.

[3] Archiv I S. 325.

2. H. Τῶι τὸ γραφῖον Καρανίδος· Καθ' ἣν πεποίηνται π̣ε̣[ρὶ] τ̣[ὸ] τρίτ[ον] μέρος τῆς τ̣ο̣ῦ̣ κλήρου ἀρ[ούρ]η[ς] μ̣ι̣ᾶ̣ς̣ τ̣[ῆς] ὑπ' οὐδ̣ε̣ν̣ὸς κρατουμένης τελείσθω ὡς καθήκει.

Aus dieser und den in S. 26 Anm. 2 angeführten Urkunden ersehen wir zunächst, daß der Grundstückseigentümer den beabsichtigten Verkauf bzw. die beabsichtigte Verpfändung[1] seines Grundstücks der βιβλιοθήκη anzeigt und diese ersucht, dem Notariat das συγχρηματίζειν, d. h. die Mitwirkung zur Urkundserrichtung aufzutragen. Außer dem Petit sind nun allen προσαγγελίαι zwei Momente gemeinsam:

1. Die Vertragsbestimmungen werden genau angeführt: der Name des künftigen Erwerbers, bei Verkauf in der Regel[2] der Kaufpreis, bei Verpfändung die durch die Hypothek zu sichernde Forderung.[3]

2. Der Eigentümer nimmt stets[4] auf eine ἀπογραφή Bezug, betont also ausdrücklich, daß er das Grundstück, das er verkaufen oder verpfänden will, deklariert hat.

Dieser letztere Punkt scheint mir von besonderer Bedeutung: die regelmäßige Bezugnahme auf eine ἀπογραφή weist m. E. darauf hin, daß die Erteilung des ἐπίσταλμα mit der Deklarierung in irgendwelchem Zusammenhang stehen muß. Dies wird bestätigt durch das uns in Oxy. III 483 erhaltene ἐπίσταλμα, wo es in Z. 33, 34 heißt: ἔχει Ἀχιλλᾶς (der die beabsichtigte Verpfändung anmeldende Eigentümer) ἐν ἀπογραφῇ τὰς ἀρούρας ἕξ, διὸ ἐπιτελεῖτε ὡς καθή(κει). Aus dem διό geht mit Deutlichkeit hervor, daß die Agoranomen zum ἐπιτελεῖν, zum Vollzug des Kontrakts ermächtigt werden, weil das ἔχειν ἐν ἀπογραφῇ vorliegt. Die vorangegangene ἀπογραφή ist demnach Voraussetzung für die Erteilung des ἐπίσταλμα; die βιβλιοφύλακες werden diese versagt haben, wenn der Eigentümer das Grundstück, das veräußert bzw. belastet werden soll, nicht deklariert hat. Hieraus

---

[1] Oxy. III 483.

[2] Kaufpreis und Name des künftigen Erwerbers fehlen in Lond. II Nr. 299 (S. 151). Über diese Urkunde unten S. 37.

[3] Oxy. III 483 Z. 12ff.

[4] BGU. II 379 Z. 7; I 184 Z. 16; Lond. III Nr. 903 Z. 9 (S. 116); Lond. II Nr. 299 Z. 15, 16; Nr. 300 Z. 6 (S. 151/2); Fay. 31 Z. 9; CPR. 196 Z. 5; PER. 1436. Fior. 67 Z. 7 nach Wilckens Ergänzung (Archiv IV S. 451).

erklärt sich wohl, daß, wie aus Lond. II Nr. 299 Z. 15—17 und Lond. II Nr. 300 Z. 6, 7 (S. 151/2) hervorgeht, die Eigentümer in diesen beiden Fällen an demselben Tag, an dem sie den beabsichtigten Verkauf der βιβλιοθήκη anzeigen, vorher noch *ἀπογραφαί* einreichen. Diese Deklarationen dienen m. E. in beiden Fällen lediglich dazu, das *ἐπίσταλμα* zu ermöglichen.[1] Das Gleiche gilt wohl von der *ἀπογραφή* Lond. III Nr. 940 (S. 118). In dieser Urkunde werden Hausanteile deklariert, die früher im Eigentum des *Ἑρμεῖνος Ἀχιλλέως* standen, der, wie Lond. III 935 Z. 7 (S. 30) zeigt, im 14. Jahre des Caracalla, also im Jahre 206, gestorben und von seinem Bruder, dem Vater der Deklaranten, beerbt worden ist. Mindestens seit 211[2] sind diese als Erben ihres Vaters Eigentümer der deklarierten Anteile; merkwürdigerweise sind sie jedoch, wie wir aus der *ὑπογραφή* des *βιβλιοφύλαξ παρακειμ(ένου) τῷ ὀνόμ(ατι) τοῦ πατραδέλφου ὑμῶν μηδὲν αὐτὸν τὸ σύνολον λοιπογραφεῖσθαι καὶ ἀδήλου ὄντος εἰ ὑμεῖν διαφέρει ἡ κληρονομία* schließen müssen, im Jahre 226 noch nicht als deren Eigentümer im *διάστρωμα* eingetragen, vielmehr scheint das Grundstück noch immer auf dem Folium des *Ἑρμεῖνος* gebucht zu sein. Hieraus dürfen wir wohl folgern, daß die Erben vor dieser *ἀπογραφή* Lond. III 940 noch keine Deklaration über die ererbten Hausanteile eingereicht haben, denn, wäre dies der Fall gewesen, so hätten doch wohl die *βιβλιοφύλακες* das *διάστρωμα* berichtigen müssen. Wenn wir nun aus Lond. III Nr. 1158 (S. 151 f.) ersehen, daß sechs Wochen nach der Einreichung der *ἀπογραφή* der eine Deklarant *Ἑρμεῖνος ὁ καὶ Μῶρος* seinen Anteil an seinen Miteigentümer veräußert, so ist es m. E. nicht zu gewagt, wenn wir annehmen, daß eben mit Rücksicht auf

---

[1] Die Eigentümer haben also die Grundstücke, die sie jetzt veräußern wollen, bisher noch nicht deklariert. Hätten sie dies getan, so wäre nicht einzusehen, zu welchem Zweck sie dies unmittelbar vor dem Verkauf wiederholen. Daß die *ἀπογραφαί* in diesen Fällen verspätet eingereicht werden, ist damit nicht gesagt. Es ist ja möglich, daß die Veräußerer die Grundstücke kurz vorher erworben haben.

[2] Dies folgt aus Lond. III Nr. 932 (S. 148 f.). Aus dieser Urkunde Z. 14 *ἐφ' ἡμῖν τοῖς τρισί* scil. *κληρονόμοις* wie aus Lond. III 940 Z. 10—12 sehen wir übrigens, daß die Dioscorous — cf. den Stammbaum auf S. 29 — nicht Miterbin geworden ist, wohl ein neues Beispiel für die Erbabfindung der Frau durch die dos. cf. Mitteis, Reichsrecht und Volksrecht S. 236 ff.

diesen beabsichtigten Verkauf die Deklaration erfolgt, da sonst die βιβλιοφύλακες das ἐπίσταλμα verweigert hätten.

Das ἔχειν ἐν ἀπογραφῇ war nun gewiß nicht die einzige Voraussetzung der Erteilung des ἐπίσταλμα. Wir sehen, daß in einigen[1] unserer προσαγγελίαι besonders betont wird, daß das Grundstück, das verkauft oder verpfändet werden soll, unbelastet, insbesondere nicht verpfändet ist, und daß in dem ἐπίσταλμα BGU. II 379 Z. 20ff. die Pfandfreiheit des Grundstücks ausdrücklich hervorgehoben wird. Dürfen wir hieraus schließen, daß verpfändete Grundstücke nicht veräußert werden durften,[2] daß also das Bestehen einer Hypothek der Erteilung das ἐπίσταλμα im Wege stand?[3] Ob wir soweit gehen dürfen, ein gesetzliches Veräußerungsverbot zugunsten des Pfandgläubigers anzunehmen, diese Frage kann nur im Zusammenhang einer Untersuchung der gesamten auf das Pfandrecht bezüglichen Urkunden beantwortet werden. Hier sei nur erwähnt, daß in den uns erhaltenen Hypothekarurkunden häufig ein Veräußerungsverbot zugunsten des Pfandgläubigers vereinbart wird. Bestand ein solches Veräußerungsverbot, so werden ohne Zweifel die βιβλιοφύλακες zu einer ihm zuwiderlaufenden Veräußerung das ἐπίσταλμα verweigert haben.[4] Allgemein dürfen wir wohl sagen: die Ermächtigung zum Vollzug der Urkunde wird dem Notariat erteilt, wenn das angemeldete Geschäft nach dem Buchstande möglich erscheint,

---

[1] Lond. II Nr. 300 Z. 12f. (S. 152); BGU. I 184 Z. 25, 26; bisweilen unter eidlicher Bekräftigung, so Oxy. III 483 Z. 26, 27; 588; Lond. III Nr. 903 Z. 18ff. (S. 117).

[2] cf. Wilcken, Ostraka I S. 463; Bernhöft, l. c. S. 68.

[3] Als Argument hierfür könnte man vielleicht BGU. I 50 anführen, ein Chirographum, in dem der Verkäufer eines Grundstücks der Käuferin (genauer: der Rechtsnachfolgerin des Käufers) vor Errichtung des δημόσιος χρηματισμός (cf. unten § 7 S. 42 Anm. 9) verspricht, καθαρὰν παρέξαι τὴν βιβλιοθήκην, d. h. die Grundstücksbelastungen löschen zu lassen. Einen sicheren Schluß erlaubt diese Urkunde jedoch m. E. nicht. Ich möchte eher annehmen, daß das Grundstück in dem χιρόγραφον δεδημοσιωμένον ausdrücklich als lastenfrei verkauft worden ist, und daß aus diesem Grunde die Löschung der Belastungen versprochen wird. cf. Mitteis, Archiv I S. 189.

[4] Hierbei ist vorausgesetzt, daß ein solches Veräußerungsverbot im διάστρωμα eingetragen werden konnte. Dies darf im Hinblick auf Teb. II 318 unbedenklich angenommen werden. Über das pactum de non alienando cf. unten S. 59.

der Eigentümer insbesondere, der sein Grundstück verkaufen oder verpfänden will, im *διάστρωμα* eingetragen ist.

Ehe wir nun versuchen, den Geltungsbereich unserer Ediktsbestimmung näher zu umschreiben, soll in aller Kürze die Frage nach der Wirkung des *ἐπίσταλμα* gestreift werden. Durch das *ἐπίσταλμα* erteilt die *βιβλιοθήκη* dem Notariat die Ermächtigung zum *συγχρηματίζειν*, sie erklärt damit, wie wir gesehen haben, daß das Geschäft nach Ausweis des *διάστρωμα* möglich ist, daß der Kontraktserrichtung nichts im Wege steht. Ob diese wirklich erfolgt, ist der *βιβλιοθήκη* zunächst gleichgültig. Wie nun Mitteis[1] dargelegt hat, ist mit der *προσαγγελία* des Veräußerers, bzw. der Erteilung des *ἐπίσταλμα* bereits eine provisorische Wirkung zugunsten des künftigen Erwerbers ähnlich der unserer heutigen Vormerkung verbunden, insofern als die *βιβλιοφύλακες* zu einer dem angemeldeten Geschäft zuwiderlaufenden Verfügung zunächst ihre Genehmigung versagt haben müssen, „denn unmöglich konnte das Amt sich dazu hergeben, daß unter seiner Ägide z. B. zwei-, dreimal an verschiedene Personen verkauft wurde. Der erste Käufer muß hier die anderen ausgeschlossen haben“.[2] Zu dem Begriff der *μετέωροι οἰκονομίαι* und zu Oxy. II 238 sei auf die Ausführungen Mitteis' verwiesen.

Fragen wir nach dem Geltungsbereich unserer Ediktsvorschrift, so ist folgendes zu bemerken:

1. Ihrem Wortlaut nach ist unsere Bestimmung eine an die *συναλλαγματογράφοι* und die *μνήμονες* gerichtete Instruktion, bezieht sich also, streng genommen, nur auf die vor diesen Beamten errichteten Urkunden. Wie steht es nun bei den in Form einer selbständigen *διαγραφή* oder einer *συγχώρησις* errichteten Immobiliarkontrakten? Ist auch in diesen Fällen ein *ἐπίσταλμα* der *βιβλιοθήκη* erforderlich? Aus den uns erhaltenen *προσαγγελίαι* läßt sich bezüglich dieser Frage nichts entnehmen, da in ihnen ausnahmslos die *βιβλιοφύλακες* ersucht werden, das Notariat zum *συγχρηματίζειν* zu ermächtigen. Daß wir nun im Edikt des Mettius Rufus neben den Notariatsbeamten nicht auch die Trapeziten erwähnt finden, darf uns nicht wundernehmen, da ja die selbständigen *διαγραφαί* erst im zweiten nach-

---

[1] Archiv I S. 194f.

[2] Mitteis, Archiv I S. 195.

christlichen Jahrhundert, also später als unser Edikt aufgekommen sind.[1] Die Kontraktsform der *συγχώρησις*[2] dagegen bestand zur Zeit des Mettius Rufus[3] und wir wissen, daß auch Kaufverträge[4] über Immobilien in dieser Form abgeschlossen werden konnten. Dennoch dürfen wir m. E. aus dem Umstande, daß im Edikt lediglich die *συναλλαγματογράφοι* und *μνήμονες*, nicht aber auch die Beamten des *καταλογεῖον* genannt sind, nicht ohne weiteres den Schluß ziehen, daß bei Abschluß eines Immobiliarkontrakts in *συγχώρησις*-Form *προσαγγελία* und *ἐπίσταλμα* nicht erforderlich waren. Die *συγχώρησις* ist ein relativ selten[5] verwendeter Urkundentyp, so daß das Stillschweigen des Edikts sich vielleicht aus dieser Tatsache erklärt.[6] Möglicherweise haben wir aber sogar einen positiven Beleg dafür, daß unsere Ediktsbestimmung auch bei Kontraktsschluß in *συγχώρησις*-Form zur Anwendung kam: BGU. I 241 Z. 42 und BGU. III 825 Z. 10.[7] In beiden *συγχωρήσεις* ist von einem *ἐπίσταλμα* die Rede. Koschaker[8] versteht nun hierunter eine Gebühr, doch liegt es m. E. näher, an ein *ἐπίσταλμα* im Sinne unseres Edikts zu denken, da beide zitierte Urkunden Immobilien betreffen und in keiner der übrigen uns erhaltenen *συγχωρήσεις* ein *ἐπίσταλμα* erwähnt ist. Das *καταβάλλειν* in BGU. I 241 Z. 42 dürfte dieser Interpretation wohl kaum im Wege stehen. Der Geschäftsgang war dann wohl der, daß *προσαγγελία* und *ἐπίσταλμα* an den das beabsichtigte

---

[1] Gradenwitz in den Mélanges Nicole S. 193ff.; Mitteis, Römisches Privatrecht I S. 310f. A. A. Preisigke, Pap. Str. I S. 68 unten.

[2] Hierüber Koschaker, Sav. Z. 28 p. 270ff. Eine Bemerkung zu der Form der *συγχωρήσεις* ist als Anhang beigefügt, cf. unten S. 87 ff.

[3] cf. Oxy. II 268 vom Jahre 58 p., ganz abgesehen von BGU. IV 1050—1059.

[4] BGU. I 282; III 825.

[5] Dies dürfen wir wohl schließen aus der geringen Anzahl der uns erhaltenen *συγχωρήσεις* im Vergleich z. B. zu der großen Menge Homologien. Der Grund dieser Erscheinung ist m. E. die Umständlichkeit des Kontraktsschlusses: der Vertrag kommt hier zustande durch Einreichung der Urkunde beim *καταλογεῖον* in Alexandrien, bzw. durch Entgegennahme der Urkunde seitens dieser Behörde.

[6] Das Gleiche muß dann wohl bei Oxy. II 238 angenommen werden.

[7] Hier ist, wie Grenfell-Hunt bemerken, nach Teb. II 397 Z. 18 zu ergänzen: *δεδομ⟨έν⟩ου [τοῦ ὑπὲρ] ἐπιστάλματος ὡρισμ⟨έν⟩ου.*

[8] l. c. S. 271 Anm. 4. Die Lesung Grenfell-Hunts lehrt, daß nicht das *ἐπίσταλμα*, sondern für das *ἐπίσταλμα* gezahlt worden ist.

Geschäft Anmeldenden zurückgingen[1] und zusammen mit der συγχώρησις beim καταλογεῖον eingereicht wurden.

Was die selbständigen διαγραφαί anlangt, so kann hier zunächst Lond. III Nr. 940 (S. 118) herangezogen werden. Wenn unsere Vermutung, daß diese ἀπογραφή mit dem sechs Wochen nach ihrer Einreichung abgeschlossenen Kaufvertrag Lond. III Nr. 1158 (S. 151f.) in der oben[2] angegebenen Weise in Zusammenhang steht, das Richtige trifft, so ist damit wahrscheinlich[3] gemacht, daß auch die selbständigen διαγραφαί erst auf ein ἐπίσταλμα der βιβλιοθήκη ἐγκτήσεων hin errichtet wurden, da Lond. III Nr. 1158 zu dieser Urkundengattung gehört. Doch ganz abgesehen hiervon sprechen m. E. schon allgemeine Erwägungen in beinahe zwingender Weise dafür, daß das im Edikt des Rufus ausgesprochene Prinzip der Abhängigkeit der Kontraktserrichtung von vorausgehendem ἐπίσταλμα der βιβλιοθήκη auf die selbständigen διαγραφαί ausgedehnt worden ist. Die Bank nimmt seit dem Aufkommen dieser Urkundengattung geradezu den Charakter eines Notariats[4] an, eine Tatsache, die wohl am besten dadurch gekennzeichnet wird, daß jetzt auch solche Verträge in διαγραφή-Form abgeschlossen werden können, bei denen das ursprünglich den διαγραφαί essentielle Moment: die Beurkundung einer durch die Bank vermittelten Zahlung, ganz in den Hintergrund tritt bzw. wegfällt. So in Lond. III Nr. 932 (S. 148, 149), einem Erbverzichtsvertrag. Hier wird zwar in Z. 4 eine Zahlung beurkundet, doch ist dies ein ganz nebensächlicher Punkt des Vertrags: es handelt sich um die für die Errichtung der διαγραφή zu entrichtende Gebühr. Die beurkundete Zahlung ist also in diesem Falle Folge, nicht, wie es dem Charakter einer διαγραφή entsprechen würde, Ursache der διαγραφή-Errichtung.[5] Ferner

---

[1] Ob dies der regelmäßige Geschäftsgang war, oder ob die βιβλιοφύλακες das ἐπίσταλμα dem Notariate direkt zusandten, muß dahingestellt bleiben.

[2] S. 28.

[3] Ein sicherer Schluß ist nicht möglich. Es wäre ja an sich denkbar, daß die Kontrahenten zunächst beabsichtigten, den Kaufvertrag vor dem Notariat abzuschließen, und daß deshalb die ἀπογραφή Lond. III Nr. 940 (zwecks Ermöglichung des ἐπίσταλμα) eingereicht worden ist.

[4] Gradenwitz, Mélanges Nicole S. 193ff.

[5] Auch Lond. III Nr. 1164 k (S. 166, 167) könnte hier vielleicht angeführt werden. Es handelt sich hier um eine datio in solutum; eine Geldzahlung kommt, abgesehen von den 12 Drachmen ὑπὲρ ἀναλωμάτων, gar

sei auf die διαγραφή Teb. II 395 hingewiesen, eine Quittung über die Rückerstattung eines Öldarlehens. Kann also die Bank Funktionen des Notariats ausüben, so wird sie insoweit den für die Notariatsämter geltenden Prinzipien unterworfen gewesen sein.

2. Eine weitere Schwierigkeit bietet die Frage, bei welchen Rechtsgeschäften zur Urkundserrichtung ein ἐπίσταλμα der βιβλιοθήκη erforderlich war. Zunächst ist ohne weiteres klar, daß bei unserer Auffassung der διαστρώματα als Immobiliarübersichten hier nur Rechtsgeschäfte über Immobilien in Frage kommen können. Während es sich nun aber in den uns erhaltenen προσαγγελίαι in der Regel um Verkauf, einmal (Oxy. III 483) um Bestellung einer Hypothek handelt, spricht das Edikt ganz allgemein: μηδὲν δίχα ἐπιστάλματος τοῦ βιβλιοφυλακίου τελειῶσαι, ohne die in Betracht kommenden Rechtsgeschäfte näher zu bezeichnen. Es ist daher sehr gut möglich, daß unsere Ediktsbestimmung nicht nur bei Verkauf und Verpfändung, sondern auch bei Teilungsverträgen, Bestellung einer χρῆσις, überhaupt bei allen Geschäften, die eine dingliche[1] Rechtsänderung im Gefolge haben, zur Anwendung gekommen ist. Was speziell die Teilungsverträge[2] anlangt, so wäre dies bewiesen, wenn unsere Vermutung zutrifft, daß das in der διαίρεσις BGU. I 241 Z. 42 erwähnte ἐπίσταλμα als Vollzugsermächtigung der βιβλιοφύλακες aufzufassen ist.

3. Es ist in der Literatur bereits mehrfach,[3] zuletzt von Preisigke[4] hervorgehoben worden, daß bei Verfügungen über Katökenland derselbe Geschäftsgang beobachtet wird, wie bei denen über gewöhnliches Privatland. Die προσαγγελίαι Lond. II 300 (S. 151); BGU. II 379; Oxy. III 483 betreffen Katökenland, die Kontrakte sollen hier, wie auch sonst, vor den Notariaten, dem γραφεῖον bzw. dem ἀγορανομεῖον errichtet werden. Wir

nicht in Frage. Besonders bemerkenswert ist die Form der Urkunde: eine „διαγραφή“ (Z. 19) in ὁμολογία-Stil (ebenso Lond. II Nr. 320 S. 198).

[1] Dagegen nicht bei Pachtverträgen. In den vielen uns erhaltenen Pachtkontrakten deutet nichts darauf hin, daß der Kontraktserrichtung ein ἐπίσταλμα der βιβλιοθήκη vorangegangen wäre.

[2] Nebenbei sei hier die Bemerkung gestattet, daß in dem Teilungsvertrag Lond. III Nr. 978 Z. 16 (S. 233) βεβαίωσις versprochen wird. Zu dieser Frage cf. Mitteis, Pap. Lips. S. 68, 69.

[3] P. M. Meyer, Heerwesen S. 108.

[4] Pap. Str. I S. 177.

haben nun oben gesehen, daß für die *κλῆροι κατοικικοί* neben den *διαστρώματα* noch ein besonderer Kataster bestand. Man kann daher die Frage aufwerfen, ob bei Verfügungen über *γῆ κατοικική* neben dem *ἐπίσταλμα* der *βιβλιοθήκη* auch ein solches der Katökenkatasterbehörde erforderlich war, doch ist es m. E. zurzeit noch nicht möglich, sie mit Sicherheit zu beantworten. Keinesfalls möchte ich mit Naber[1] Oxy. I 45—47[2] als Beispiele eines vom Katökenkataster erteilten *ἐπίσταλμα* ansehen, da in diesen Urkunden den Agoranomen lediglich der Vollzug einer *παραχώρησις* mitgeteilt wird, von einer Ermächtigung des Notariats zur Kontraktserrichtung aber überhaupt keine Rede ist. Auch der *προσαγγελία* Fay. 154, in der gesagt ist, daß die Veräußerung *διὰ τῶν καταλοχισμῶν* erfolgen soll, läßt sich bezüglich dieser Frage nichts entnehmen.

II. Einen wichtigen Punkt haben wir bis jetzt unerörtert gelassen, nämlich die Frage, ob die Mitwirkung der *βιβλιοθήκη*, d. h. die Erteilung des *ἐπίσταλμα* Voraussetzung der Gültigkeit des Kontrakts ist. Muß z. B. ein ohne vorheriges *ἐπίσταλμα* abgeschlossener Immobiliarkaufvertrag als nichtig betrachtet werden? Das Edikt bedroht die pflichtwidrig handelnden Notariatsbeamten mit Strafe, der ordnungswidrig errichtete Kontrakt selbst wird nach den Ergänzungen der Editoren als *οὐκ ὄφελος* bezeichnet. Daß hiermit nicht etwa die Nichtigkeit des ohne *ἐπίσταλμα* geschlossenen Vertrags statuiert wird, geht vielleicht schon aus Gen. 44 hervor. In dieser Urkunde wird auf Grund eines vor dem *ἀρχεῖον* errichteten *δημόσιος χρηματισμός* die *παράθεσις*. d. h. — dies muß hier vorweggenommen werden — Eintragung im *διάστρωμα* beantragt, und diesem Antrag wird, wie die subscriptio Z. 27, 28 lehrt, stattgegeben. Das Kaufobjekt ist, wie wir aus Z. 16, 17 ersehen, nicht auf dem Folium des Veräußerers eingetragen. War aus diesem Grunde die Erteilung des *ἐπίσταλμα* verweigert, der Kontrakt demnach ordnungswidrig errichtet worden, so hätten die *βιβλιοφύλακες* den Antrag auf *παράθεσις* zurückweisen müssen, falls der ohne Vollzugsermächtigung abgeschlossene Vertrag nichtig gewesen wäre. Ein durchschlagendes Argument aber dafür, daß unsere Ediktsbestimmung als reine Ordnungs-

[1] Archiv I S. 325 Anm. 19.

[2] Urkunden derselben Art sind Oxy. I 165; 174; 175; 176; Oxy. II 341; 342; 344; 346; 347; Oxy. III 641.

vorschrift aufzufassen ist, ist m. E. die Tatsache, daß Immobiliarkaufverträge auch in Form eines χιρόγραφον abgeschlossen werden können.[1,2] Daß in diesem Falle dem Kontraktsschluß kein ἐπίσταλμα der βιβλιοθήκη voranzugehen braucht, bedarf wohl keiner Ausführung. Die Gültigkeit eines solchen in χιρόγραφον-Form abgeschlossenen Immobiliarkaufs wird nun m. E. dadurch bewiesen, daß ein solches χιρόγραφον der δημοσίωσις,[3] d. h. der Registrierung in der βιβλιοθήκη Ἀδριανή und dem Ναναῖον unterzogen werden kann.[4] Wäre jeder nicht in notarieller Form ordnungsmäßig abgeschlossene Immobiliarkaufvertrag nichtig gewesen, so hätte wohl aller Wahrscheinlichkeit nach das Bureau des ἀρχιδικαστής die δημοσίωσις eines solchen ohne weiteres als nichtig erkennbaren χιρόγραφον verweigert.

Bisweilen ist allerdings das χιρόγραφον lediglich ein Provisorium, dem der notarielle Kontraktsschluß nachfolgt.[5] Ein solcher Fall liegt z. B. in CPR. 198 vor, einem χιρόγραφον, wo es in Z. 9 heißt:

ὁπότε ἠὰν μοι συντάσι ποιήσομε ἴσε τὴ[ν διὰ] τ[ό]δε χιρόγ[ρα]φον δημοσίαν πρᾶσιν καὶ διὰ τῆς βιβλιοθήκης κτλ.

Der Käufer erklärt sich also bereit, auf Wunsch des Käufers eine δημοσία πρᾶσις, d. h. wohl einen Kaufvertrag in notarieller Form abzuschließen. Die Bedeutung der Worte διὰ τῆς βιβλιοθήκης kann, nachdem der Geschäftsgang bei Immobiliarveräußerungen klargestellt ist, kaum zweifelhaft sein. Wenn es in den Kaufverträgen BGU. I 94 Z. 5 und BGU. II 667 Z. 6[6] heißt:

---

[1] Beispiele: BGU. II 666; BGU. I 71; Oxy. III 505 Z. 4ff.; CPR. 9; 192. cf. ferner Amh. II 98 Z. 6ff.; Teb. II 489, ein leider unvollständig erhaltenes Prozeßprotokoll. Es kommen hier selbstverständlich nur χιρόγραφα aus den ersten drei nachchristlichen Jahrhunderten in Betracht.

[2] Eine andere Frage ist, ob auf Grund eines in χειρόγραφον-Form abgeschlossenen Kontrakts eine Eintragung im διάστρωμα erfolgen kann. cf. unten § 7 S. 42 Anm. 9.

[3] Zur δημοσίωσις cf. Mitteis, Pap. Lips. S. 36; Preisigke, Pap. Str. I S. 108, 109.

[4] BGU. II 455; Fior. 40; Oxy. IV 719. cf. weiter BGU. III 983 Z. 10; BGU. I 50 Z. 5ff. δημοσίωσις eines Hypothekar-χιρόγραφον: Lips. 10.

[5] cf. auch BGU. II 619 Z. 16. (Oxy. I 95); BGU. I 50 (unten § 7 S. 42 Anm. 9).

[6] So auch CPR. 175 Z. 5, 6; 176 Z. 10. cf. ferner: BGU. I 240 Z. 16; Teb. II 357 Z. 17, 18. Der Gegensatz hierzu, die Kontraktserrichtung ohne

ὁμολογεῖ ὁ δεῖνα . . πεπρακέναι . . κατὰ τήν δε τὴν ὁμολογίαν καὶ διὰ τῆς τῶν ἐγκτήσεων βιβλιοθήκης, so ist damit m. E. nur gesagt, daß der Kontrakt auf dem vorgeschriebenen Wege unter Mitwirkung der *βιβλιοθήκη*, d. h. auf deren *ἐπίσταλμα* hin errichtet worden ist. Die Worte *διὰ τῆς τῶν ἐγκτήσεων βιβλιοθήκης* sind hier daher gleichbedeutend mit der Wendung: *ἐπιστειλάντων τῶν τῆς ἐγκτήσεως βιβλιοφυλάκων*, die in den Hypothekarurkunden Fior. 1 Z. 11 und Str. I 52 Z. 12 begegnet.

Dementsprechend werden auch Teb. II 389 Z. 18[1] und BGU. IV 1038 Z. 24[2] aufzufassen sein. Wären die beiden in der letzteren Urkunde Z. 19, 26, 29 erwähnten *διαγραφαί* sog. selbständige *διαγραφαί*, so hätten wir hier einen neuen Beleg für die oben aufgestellte Behauptung, daß auch bei diesen Urkunden die besprochene Ediktsbestimmung zur Anwendung kam.

III. Die Erscheinung, daß das Notariat erst nach Anweisung seitens einer anderen Behörde zur Urkundserrichtung mitwirkt, begegnet übrigens noch in zwei anderen Fällen, die der Vollständigkeit wegen hier angeführt werden sollen, nämlich

a) im Falle der Bestellung eines *κύριος* durch den Exegeten,[3] jedoch m. E. nur dann, wenn diese Bestellung für ein bestimmtes Geschäft erfolgt. In Teb. II 397 Z. 21 ff.[4] ist uns eine an den Exegeten gerichtete Eingabe erhalten, in der eine Frau um die Bestellung eines *κύριος* nachsucht; hier findet sich nun ein Petit, das ganz ähnlich lautet, wie in den an die *βιβλιοφύλακες* adressierten *προσαγγελίαι*: *ἀξιῶ ἐπιστεῖλέ σε τοῖς τὰ ἀρχῖα πραγματευομένοις συνχρηματίζειν μοι ἐγδιδομένῃ αὐτοῖς* (den in Z. 23 genannten Schuldnern) *τὴν ἀποχήν*. Der Exeget soll also das Notariat zum *συγχρηματίζειν* ermächtigen. Die an die Notariatsbeamten gerichtete Verfügung des Exegeten, in der diese Ermächtigung erteilt wird, ist nun enthalten in Z. 19, 20 unserer Urkunde, und

die Mitwirkung der *βιβλιοθήκη*, wird keinesfalls durch *ἄγραφος* ausgedrückt, wie Preisigke, Pap. Str. S. 148 behauptet.

[1] *ἀκολούθως ἧ [π]εποίητ[α]ι Ταμύσ[θα] . . . ὑπαλλαγῇ δι[ὰ] τῆς βιβλιοθήκης.*

[2] *ἐκ τῶν ὑπηλλαγμ[ένω]ν μοι πρὸς ἕκαστον δά[νειον? δι]ὰ τῆς τῶν ἐγκτήσεων βιβλιοθήκης.*

[3] Grenfell-Hunt, Teb. II S. 263 Anm. zu Nr. 397 Z. 4. cf. Oxy. I 56 und dazu Wenger, Stellvertretung S. 61 f.

[4] Ebenso in Teb. II 465 (Testament).

diese Verfügung ist m. E. mit dem in Z. 18 erwähnten ἐπίσταλμα[1] gemeint, so daß sich also hier die Analogie zu dem bei Immobiliarverfügungen vorgeschriebenen Geschäftsgang auch in der Terminologie widerspiegelt.

b) bei Sklavenfreilassungen[2]: Die Freilassungsurkunde[3] wird vor dem Agoranomen errichtet, nachdem dieser hierzu vom Trapeziten ermächtigt worden ist.[4]

Ob auch bei den notariellen Kaufverträgen über Sklaven die Urkundserrichtung erst auf die Ermächtigung einer anderen Behörde hin erfolgte, wage ich nicht zu entscheiden. Naber[5] behauptet dies auf Grund von Oxy. II 327; 332; 336, doch ist es wohl zum mindesten sehr zweifelhaft,[6] ob es sich in diesen Fällen wirklich um Kontraktserrichtung oder nicht vielmehr um Registrierung der bereits vollzogenen Kontraktsurkunde handelt.[7] Sollte aber die Nabersche Ansicht das Richtige treffen, so waren es doch nicht die βιβλιοφύλακες, die hier zum Kontraktsvollzug ermächtigten. Es ist m. E. nicht angängig, Lond. II 299 (S. 151) auf einen Sklavenverkauf zu beziehen,[8] solange nicht durch andere Quellenstellen in unzweideutiger Weise dargetan ist, daß die besprochene Ediktsbestimmung auch auf Sklavenveräußerungen Anwendung gefunden hat. Auch BGU. III 829 erlaubt keinen sicheren Schluß. Selbst wenn man das in Z. 3, 4 erwähnte ὑπόμνημα τῶν οἰκοπέδων als προσαγγελία auffassen will,[9] was vielleicht durch die μετέωρα in Z. 10 nahe gelegt wird, so folgt daraus noch nicht, daß das ὑπόμνημα σωμάτων ebenfalls an die

---

[1] Ebenso ist m. E. das in Teb. II 399 Z. 18 genannte ἐπίσταλμα aufzufassen.

[2] Mitteis, Hermes 34 S. 103f. Naber, Archiv I S. 325, 326.

[3] Oxy. IV 722; 723.

[4] Oxy. I 48; 49; II 349.

[5] Archiv l. c.

[6] Schon deshalb, weil sich Urkunden derselben Art auch auf Immobilien beziehen, z. B. Oxy. II 242; 330; 331; 334. Diese sind meiner Meinung nach keine Ermächtigungen zur Urkundserrichtung. Den von Koschaker, Sav. Z. 28 S. 290, letzte Zeile, 291 angeführten Urkunden können noch Oxy. I 170 und Oxy. III 581 beigefügt werden.

[7] cf. unten S. 65 f.

[8] So Wessely, Karanis und Soknopaiu Nesos S. 31; Preisigke, Pap. Str. I S. 125 Anm. 5.

[9] Auch in Oxy. III 483 Z. 18 wird die προσαγγελία nach ihrer Form als ὑπόμνημα bezeichnet.

βιβλιοφύλακες gerichtet war. Bei dem heutigen Stande der Quellen werden wir daran festhalten müssen, daß die βιβλιοφύλακες ἐγκτήσεων lediglich bei dem Abschluß von Immobiliarrechtsgeschäften in der oben geschilderten Weise mitzuwirken hatten.

III. Die παράθεσις und ihre Voraussetzungen.

§ 6.

παράθεσις und μετεπιγραφή.

Dem in den Eingaben an die βιβλιοφύλακες mehrfach[1] begegnenden Terminus παράθεσις ist in der Literatur meist[2] und m. E. mit Recht die Bedeutung „Eintragung" beigelegt worden. Es wäre daher kaum nötig, hier nochmals darauf einzugehen, wenn nicht PREISIGKE[3] kürzlich eine abweichende Auffassung vertreten hätte. Nach ihm ist παράθεσις die Deponierung der ἀπογραφή und der eventuell mit dieser eingereichten Vertragskopie in dem „Registraturfachwerk" der βιβλιοθήκη, Gegenstand der παράθεσις demnach eine Urkunde. Um die Unhaltbarkeit dieser Ansicht zu erkennen, genügt es wohl, Oxy. IV 713 und BGU. IV 1073 heranzuziehen. Wenn es in der ersteren Urkunde heißt:

Z. 34—36 ἀπογράφομαι . . πρὸς παράθεσιν κατοχὴν κτλ.,

so folgt hieraus m. E., daß eben diese deklarierte κατοχή Objekt der παράθεσις sein soll,[4] παράθεσις also nicht in der Bedeutung: Deponierung gebraucht sein kann. Das Gleiche ergibt sich aus BGU. IV 1073, einem Schreiben der βουλή von Oxyrhynchos an die βιβλιοφύλακες ἐγκτήσεων. Die entscheidende Stelle lautet: ἵν' εἰδῆτε τὴν ὑπάρχουσαν αὐτῷ ἐκ τῶν νόμων ἀτελίαν καὶ τὴν δέουσαν παράθεσιν ποιήσησθε τῷ ὀνόματι αὐτοῦ. Unter der

---

[1] Oxy. IV 713 Z. 35; Teb. II 318 Z. 21, 24; BGU. I 243 Z. 10, 15, 16; IV 1034 Z. 12; 1073 Z. 17, 18; Gen. 44 Z. 16, 20, 24; Class. Philol. I Nr. 2 Z. 11; Lips. 9 Z. 23. cf. auch BGU. I 73.

[2] MITTEIS, Archiv I S. 196; WILCKEN, Archiv IV S. 563, 564; RABEL, Sav. Z. 28 S. 361; BORTOLUCCI, Archivio giuridico 73 S. 343.

[3] Pap. Str. I S. 123, 124.

[4] So spricht auch BORTOLUCCI l. c. von „registrazione di suo diritto".

δέουσα παράθεσις wird hier die Eintragung der *ἀτέλεια* zu verstehen sein[1] und nicht die Deponierung der Urkunde im „Registraturfachwerk".[2] Völlig zweifellos ist aber die Bedeutung der *παράθεσις* als „Eintragung", wenn, wie wahrscheinlich, WILCKENS[3] Lesung von BGU. IV 1072 Col. I Z. 3f.: *ἡ διὰ τοῦ πρὸ τούτου διαστρώματος — παρά(θεσις)* zutrifft, da ja dann diese Worte als Überschrift zu dem darauf folgenden Eintrag Z. 5f. aufgefaßt werden müssen.

Ist hiermit die Gleichung *παράθεσις* = Eintragung bewiesen, so möchte ich dementsprechend auch in Lips. 9 Z. 23 die Worte *ε[ἰς τὸ] τὴν παράθεσιν γενέσθ[αι]* nicht übersetzen: „damit die Hinterlegung[4] (der mit der *ἀπογραφή* eingereichten Urkunden) geschehe", sondern auch hier unter *παράθεσις* die Eintragung im *διάστρωμα*[5] verstehen.

Der *παράθεσις* in den *διαστρώματα* entspricht die *μετεπιγραφή*[6] in den *καταλοχισμοί*, nur ist der Begriff der *μετεπιγραφή* ein engerer; denn, während *παράθεσις* von jeder Eintragung gebraucht sein kann, der Eintragung des Eigentums sowohl (z. B. BGU. I 243), wie von der eines Verfangenschaftsrechts (Oxy. IV 713), einer Hypothek (Lips. 9) oder der *ἀτέλεια* (BGU. IV 1073), bedeutet *μετεπιγραφή*, wie schon der Name sagt, die „Umschreibung",[7] bezieht sich also wohl stets auf die Eintragung eines Eigentumswechsels.[8]

---

[1] So auch WILCKEN, l. c.

[2] Man beachte ferner, daß es in BGU. I 243 Z. 9f. und Gen. 44 Z. 20f. heißt: *εἰς τὸ τὴν παράθεσιν γενέσθαι ἀκολούθως ᾧ παρεθέμην ἀντιγράφῳ τοῦ χρηματισμοῦ.* Wäre *παράθεσις*=Deponierung des *ἀντίγραφον*, so müßten wir erwarten: *εἰς τὸ τὴν παράθεσιν γενέσθαι οὗ . . ἀντιγράφου τ. χρ.*

[3] l. c. [4] So in der Edition S. 33.

[5] Daß die *παράθεσις*, die die *βιβλιοφύλακες* vollziehen, in den *διαστρώματα* erfolgt, bedarf wohl keines besonderen Nachweises; cf. auch Gen. 44 Z. 16: *διακείμενο[ν κ]ατὰ παράθεσ[ι]ν . . . . ἐπ' [ὀν]όματος τ. δ.*

[6] cf. Oxy. II 273 Z. 21, 22; 373 Z. 20ff.; Str. 52 Z. 7. BGU. I 328 Col. I Z. 20; II 622 Z. 4; III 883 Z. 3, 6; 906 Z. 14, 18; IV 1048 Z. 5, 26. Lond. II Nr. 141 Z. 5 (S. 182); III Nr. 1179 Z. 54 (S. 146); CPR. 175 Z. 6; 188 Z. 9.

[7] Schon zur Ptolemäerzeit wird der Terminus *μετεπιγραφή* für die Umschreibung in den Katökenlisten gebraucht, cf. Teb. I 113 Z. 4, 5; (auch 73 Z. 8, 15, 21).

[8] Die Eintragung anderer Rechte als des Eigentums kann wohl bei den *καταλοχισμοί* gar nicht in Frage kommen cf. oben S. 20.

Im folgenden soll nun zusammengestellt werden, was sich bezüglich der Voraussetzungen der παράθεσις unseren Quellen[1] entnehmen läßt, wobei nebenher auch die μετεπιγραφή berücksichtigt werden wird.

Die Frage nach den an die Intabulierung geknüpften Wirkungen ist beiseite gelassen worden.[2]

§ 7.
Die regulären ἀπογραφαί.

Als reguläre ἀπογραφαί haben wir oben diejenigen an die βιβλιοφύλακες gerichteten Deklarationen bezeichnet, die der individuellen Rektifizierung der διαστρώματα dienen. Bevor wir nun versuchen, die rechtliche Natur dieser ἀπογραφαί näher zu bestimmen, soll ein Überblick über das uns zur Verfügung stehende Material gegeben und im Anschluß hieran auf Art und Zeit der Einreichung dieser Deklarationen in Kürze eingegangen werden.

I. Gruppieren wir die hier in Betracht kommenden ἀπογραφαί nach den verschiedenen Arten der deklarierten Rechte, so sind naturgemäß an erster Stelle zu nennen die ἀπογραφαί der Grundstückseigentümer. Wie in den generellen Deklarationen findet sich die Angabe des Erwerbstitels. Dieser ist

Kauf in Teb. II 323; 472; CPR. 17 Col. I; BGU. I 233 Z. 20ff.; Str. I 34; Lond. III Nr. 941; 942; 945 (S. 118—121); Lips. 3 Col. II; BGU. I 243; Gen. 44; Class. Philol. I Nr. 2.[3]

---

[1] In vielen Punkten würden wir wohl klarer sehen, wenn die gerade für die im folgenden behandelten Fragen so wichtigen Subskriptionen der βιβλιοφύλακες, die sich in einigen ἀπογραφαί finden, völlig entziffert wären. So können leider diese wichtigen Quellen zum Teil heute noch nicht verwertet werden. (Z. B. die ὑπογραφή in Lips. 3 und Lond. III Nr. 941 (S. 119).)

[2] Es scheint mir zweifelhaft, ob eine Untersuchung dieser Frage zurzeit zu greifbaren Resultaten führen könnte. Soweit ich sehe, haben wir nur eine einzige Stelle, die ausdrücklich von der Wirkung der παράθεσις handelt, nämlich Oxy. II 237 Col. VII Z. 17, 18, doch wird hier diese in so wenig präziser Weise charakterisiert (κυρίας .. καὶ βεβαίας!), daß es mir wenigstens unmöglich ist, über Vermutungen hinauszukommen.

[3] Daß BGU. I 243; Class. Philol. I Nr. 2 und Teb. II 318 an die βιβλιοφύλακες gerichtet sind, zeigt ein Vergleich mit Gen. 44. Ich führe diese Urkunden hier mit an, obwohl in ihnen, wie Teb. II 318 und Gen. 44 beweisen, das für die Deklarationen charakteristische „ἀπογράφομαι“ fehlt, da sie m. E. inhaltlich mit den ἀπογραφαί auf eine Stufe zu stellen sind. cf. unten § 8.

dos-Bestellung in Amh. 71;[1]

Erbgang in Oxy. III 636; 638; Oxy. I 75; BGU. III 919; IV 1034; Lond. III 940 (S. 118).

Neben dem Eigentum findet sich als Gegenstand der ἀπογραφαί

a) Pfandrecht: Lips. 8; 9; Teb. II 318.[2]

b) Verfangenschaftsrecht der Kinder: Oxy. IV 713.[3]

Die Mehrzahl unserer Urkunden ist mit Subskriptionen des βιβλιοφύλακες, bzw. dessen γραμματεύς versehen, die für uns von besonderem Interesse sind, da hier lokale Verschiedenheiten zutage treten. Bei den aus Hermupolis und Antinoupolis stammenden Deklarationen[4] finden sich in den ὑπογραφαί stets die Worte ἔσχον ἴσον, die sich, wie aus Lond. III Nr. 940 (S. 118) hervorgeht, nur auf ein zweites Exemplar der ἀπογραφή beziehen können.[5] Man wird hieraus schließen müssen, daß entweder die ἀπογραφή in zwei Exemplaren eingereicht, oder daß in der βιβλιοθήκη eine Kopie der ἀπογραφή angefertigt wurde, die die βιβλιοφύλακες dann zu den Akten nahmen. Wie dem auch sein mag, sicher ist, daß ein Exemplar an den Deklaranten zurückging.[6] Dies folgt mit Sicherheit daraus, daß die ὑπογραφή für diesen bestimmt ist, wie Lond. III 940 (S. 118) Z. 22: τοῦ πατραδέλφου ὑμῶν κτλ. und Lips. 9 Z. 33: τοῦ πατρὸς ὑμῶν[7] κτλ. beweisen. Denselben Geschäftsgang werden wir wohl bei den aus anderen Gauen stammenden Deklarationen anzunehmen haben, obwohl sich bei keiner von ihnen eine Subscriptio „ἔσχον ἴσον“ findet.[8]

Mit der ἀπογραφή reicht der Deklarant in der Regel eine Urkunde ein, die zum Nachweise seines Rechtstitels dient. So wird

---

[1] Über diese Urkunde cf. unten S. 44 f.

[2] Unrichtig ist es, hier auch Oxy. III 636 anzuführen. So Preisigke, Pap. Str. I S. 125 Anm. 3. Zu Teb. II 318 cf. § 8.

[3] cf. Arangio-Ruiz, La successione testamentaria S. 199—201; Bortolucci, Archivio giuridico 73 S. 343.

[4] Lond. III Nr. 940; 941; 942; 945 (S. 118—120); Lips. 3 Col. II (Archiv IV S. 459); Lips. 9; Str. 34.

[5] cf. Wilcken, Archiv IV S. 542.

[6] Galt dasselbe auch bei den generellen ἀπογραφαί? So erklärt sich vielleicht, daß Oxy. IV 715, eine an die βιβλιοφύλακες von Herakleopolis gerichtete Deklaration in Oxyrhynchos gefunden worden ist.

[7] Archiv IV S. 463.

[8] cf. BGU. II 536 Z. 17; Oxy. IV 715 Z. 35—37 (generelle ἀπογραφαί). Teb. II 323 Z. 14; Teb. II 318 Z. 25; Gen. 44 Z. 28.

in Lips. 3 Col. II; Str. I 34; Lond. III 941; 942; 945; (BGU. I 243; Gen. 44) der Kaufvertrag, in Lips. 8 und Teb. II 318 der die Verpfändung enthaltende Darlehnsvertrag, in Lips. 9 zum Nachweis der Erbfolge das Testament des Erblassers den βιβλιοφύλακες mit eingereicht.[1] Auffallend ist nun, daß die Urkunden stets[2] in Kopie überreicht werden. Beachten wir dies, so sehen wir nun auch, zu welchem Zwecke in der βιβλιοθήκη die εἰρόμενα der Trapeziten aufbewahrt wurden[3]: sie ermöglichten die Nachprüfung der eingereichten διαγραφαί-Kopien.[4,5] Auch ein Vergleich mit BGU. III 825 legt dies nahe. Hier handelt es sich um einen in συγχώρησις-Form abgeschlossenen Kaufvertrag, der, wie die letzten Zeilen der Urkunde vermuten lassen,[6] beglaubigt und dann den βιβλιοφύλακες — wir dürfen vielleicht annehmen — zusammen mit einer ἀπογραφή zum Zweck der Herbeiführung der παράθεσις — vorgelegt werden soll. Der Grund, warum hier im Gegensatz zu den notariellen Urkunden und den διαγραφαί, die in der Regel[7] in unbeglaubigter Kopie vorgelegt werden, eine beglaubigte Urkunde eingereicht werden soll, ist wohl darin zu sehen, daß die βιβλιοφύλακες nicht in der Lage waren, eine συγχώρησις-Kopie in der gleichen Weise, wie das ἀντίγραφον einer διαγραφή oder einer notariellen Urkunde nachzuprüfen. Ein Beispiel dafür, daß mit der ἀπογραφή ein χειρόγραφον überreicht wird, bieten meines Wissens die Quellen bisher nicht.[8,9]

---

[1] Ob bei den ἀπογραφαί der Intestaterben Nachweis des Verwandtschaftsverhältnisses verlangt wurde, muß noch dahingestellt bleiben. cf. Mitteis, Pap. Lips. S. 34 Anm. 2.

[2] Auch in Lips. 8 cf. Wilcken, Archiv IV S. 462.

[3] Lips. 9 Z. 22; Archiv IV S. 463.

[4] In der gleichen Weise konnten wohl auch die Kopien notarieller Urkunden geprüft werden. cf. oben S. 13.

[5] Auf Grund der εἰρόμενα konnten die βιβλιοφύλακες übrigens auch nachprüfen, ob die Trapeziten nicht ohne ἐπίσταλμα einen Immobiliarvertrag aufgenommen hatten.

[6] In Z. 15 ist vielleicht zu ergänzen: τὸ(ν) πε[ρὶ τ]ῆς [ἐγ]δό[σε]ω[ς ἐπεσκεμμένον χρη]ματισμόν cf. BGU. I 73 Z. 14, 15.

[7] Die einzige Ausnahme, soviel ich sehe, ist Lips. 9 Z. 21. cf. Mitteis, Pap. Lips. S. 29, 30.

[8] Die Einreichung eines χειρόγραφον bei der βιβλιοθήκη ἐγκτήσεων würde aber m. E. keinesfalls dessen δημοσίωσις zur Folge haben. Unrichtig Preisigke, Pap. Str. I S. 123.

[9] Die Frage, ob auf Grund eines in χειρόγραφον-Form abgeschlossenen

Beachtung verdient das Zeitverhältnis zwischen der Einreichung der ἀπογραφή und dem Erwerb des deklarierten Grundstücks bzw. des deklarierten Rechts, bei rechtsgeschäftlichem Eigentumserwerb insbesondere: zwischen ἀπογραφή und dem Abschluß des Kausalgeschäfts. In zahlreichen Fällen sehen wir, daß die ἀπογραφή unmittelbar nach Abschluß des Kausalgeschäfts erfolgt: so liegen im Falle des Str. 34 zwischen dem Abschluß des Kaufvertrags und der Deklaration des Käufers nur vier Tage, ja die ἀπογραφαί Teb. II 323; 472; Gen. 44 sind von demselben Tage, wie die betreffenden Kaufkontrakte.[1] Andererseits haben wir aber Beispiele dafür, daß der Käufer die ἀπογραφή erst geraume Zeit nach Kaufabschluß einreicht: so ist die διαγραφή Lond. III Nr. 1158 (S. 151) vom 18. Τῦβι des Jahres 226/7, die wahrscheinlich dazu gehörige ἀπογραφή Lond. III 941 (S. 118/9 vom 5. μεσορή desselben Jahres; es liegt also zwischen beiden) mehr als ein halbes Jahr. Das Gleiche gilt von der in Fior. 97b Z. 23 erwähnten ἀπογραφή und dem in Z. 24 genannten δημόσιος χρηματισμός,[2] falls beide, wie wahrscheinlich ist, zusammengehören.

Noch zwei Urkunden sind hier besonders hervorzuheben: Lond. III Nr. 940 (S. 118) und Amh. 71. Die ἀπογραφή erfolgt in diesen beiden Fällen so auffallend spät nach dem Erwerb der deklarierten Grundstücke, daß man vermuten möchte, daß die Eigentümer diese Grundstücke schon vorher einmal deklariert haben.[3] Im Falle des Lond. III 940 scheint dies allerdings nicht

Kontrakts eine παράθεσις erfolgen kann, läßt sich zurzeit mit Sicherheit nicht beantworten. Für ihre Verneinung spricht vielleicht, worauf mich Herr Professor L. Mitteis gütigst hinweist, BGU. I 50. Wenn hier ein δημόσιος χρηματισμός errichtet werden soll (Z. 8, 9 κατὰ δημοσί[ο]υς [χρημ]ατ[ισ]μούς), obwohl der Kaufvertrag bereits in Form eines χειρόγραφον δεδημοσιωμένον abgeschlossen worden ist, so ist der Grund dieser Erscheinung vielleicht der, daß das χειρόγραφον trotz der δημοσίωσις keine genügende Unterlage einer παράθεσις darstellt. cf. auch CPR. 198, oben S. 35.

[1] Wurde in solchen Fällen die mit Einwilligung des Veräußerers erfolgende ἀπογραφή des Erwerbers als Quasi traditio betrachtet, wie bei der spätrömischen Censualis professio? cf. Cod. VIII 53, 7.

[2] Der δημόσιος χρηματισμός ist vom August-September 154, nicht 155.

[3] Ob generelle ἀπογραφαί in dieser Zeit stattgefunden haben, wissen wir nicht. cf. oben S. 6.

der Fall gewesen zu sein. Wir haben bereits oben[1] aus der Subscriptio ersehen, daß die deklarierten Hausanteile noch immer auf den Namen des früheren Eigentümers Ἑρμεῖνος Ἀχιλλέως eingetragen sind, was kaum verständlich wäre, wenn die Erben schon vor dieser ἀπογραφή eine Deklaration hierüber eingereicht hätten (cf. Oxy. I 78).

Anders steht es vielleicht bei Amh. 71. Die Eigentümerin Chenepeis deklariert hier im Jahre 178/9 drei Aruren προσενεχθείσας . . . κατὰ συνοικεσίου συγγρα(φήν). In ihrem Ehevertrag vom Jahre 143 hat ihr Großvater ihr diese Grundstücke zugewendet und ihrer Mutter den lebenslänglichen Nießbrauch, die ἐπικαρπία daran bestellt. Die Zuwendungen dritter Personen an die Nupturienten in den Eheverträgen können nun, wie Arangio-Ruiz[2] und Ruggiero[3] m. E. mit Recht betonen, entweder solche mit sofortiger Wirkung der Rechtsübertragung[4] oder solche mit Wirkung μετὰ τελευτήν sein, wobei bei den letzteren unter Umständen schon mit der Zuwendung ein Verfangenschaftsrecht, die κατοχή zur Entstehung gelangt.[5] Welcher Art die Zuwendung der drei Aruren in unserem Falle gewesen ist, ob mit anderen Worten die συνοικεσίου συγγραφή eine συγγραφοδιαθήκη war oder nicht, kann mit Sicherheit nicht festgestellt werden. Nehmen wir aber vermutungsweise an, daß die deklarierten Grundstücke der Chenepeis von ihrem Großvater als Mitgift zu Eigentum übertragen worden sind, worauf vielleicht das προσφέρειν[6] hindeutet, so wäre es sehr auffallend, wenn erst 35 Jahre danach die Eigentümerin zum ersten Male diese Aruren deklarieren würde. Möglicherweise hat es mit dieser ἀπογραφή eine besondere Bewandtnis: der Schwerpunkt der Deklaration scheint mir in der eidlich be-

[1] S. 28.

[2] Successione testamentaria S. 207.

[3] Bull. dell' ist. di dir. rom. XV S. 236 u. 240.

[4] Beispiele: CPR. 22 Z. 9ff.; CPR. 24 Z. 8ff.

[5] cf. Partsch, Sav. Z. 28 S. 449, 450.

[6] cf. die προσφορά in CPR. 24 Z. 8ff.; Teb. II 351. Darüber, daß die Frau entsprechend dem griechischen Recht Eigentümerin der dos wird: Nietzold, Die Ehe in Ägypten S. 52—55. προσφέρειν wird häufig in Verbindung mit φερνή gebracht. cf. Grenfell-Hunt, Pap. Oxy. III S. 212, Anm. zu Nr. 496 Z. 6. Andererseits aber προσφέρειν μετὰ τελευτήν in dem von Wilcken, Archiv IV S. 130f. publizierten Straßburger Papyrus, Col. II Z. 15.

kräftigten Erklärung zu liegen, daß die Mutter gestorben, die ἐπικαρπία demnach erloschen ist. Beachten wir, daß diese ἐπικαρπία wohl im διάστρωμα eingetragen war, so ist m. E. der Zweck dieser Erklärung und vielleicht der ganzen ἀπογραφή darin zu sehen, daß durch sie die Löschung dieser ἐπικαρπία herbeigeführt werden soll.

II. Nach diesen Bemerkungen wollen wir an die wichtigste, hier zu erörternde Frage herantreten: die Frage nach dem Verhältnis der ἀπογραφή zur παράθεσις. Sind die ἀπογραφαί rechtlich Voraussetzung für den Vollzug der Eintragungen, kann also z. B. der Erwerber eines Grundstücks erst auf seine Deklaration hin im διάστρωμα eingetragen werden, oder werden die διαστρώματα von den βιβλιοφύλακες von Amts wegen in Evidenz gehalten, so daß also dann die regulären Deklarationen nur zur Erleichterung und Kontrollierung dieser Evidenthaltung dienten? Beide Möglichkeiten sind a priori gegeben. Ich möchte mich für die erste Alternative entscheiden und will im Folgenden die m. E. für diese Auffassung sprechenden Argumente zusammenstellen.

1. Zunächst eine allgemeine Erwägung. Wir haben oben in § 1 gesehen, wie häufig Neuanlegungen der διαστρώματα erforderlich wurden. Wenn z. B. in dem kurzen Zeitraum von 9 oder 10 Jahren[1] die Bücher der βιβλιοφύλακες so in Unordnung gerieten, daß generelle ἀπογραφαί angeordnet werden mußten, so ist diese Erscheinung m. E. leichter erklärlich, wenn die παράθεσις nur auf Antrag erfolgte, als wenn die βιβλιοφύλακες die διαστρώματα von Amts wegen auf dem Laufenden zu halten hatten, zumal wenn man diese mit der herrschenden Meinung als Steuerkataster auffaßt.

2. Aus der Tatsache, daß in den προσαγγελίαι der Veräußerer stets auf seine ἀπογραφή Bezug nimmt, und aus Oxy. III 483 Z. 33, 34 haben wir oben[2] geschlossen, daß das ἐπίσταλμα nicht erteilt wurde, wenn nicht vorher der Veräußerer das den Gegenstand der Veräußerung bildende Grundstück deklariert hatte. Warum wird nun den ἀπογραφαί solche Bedeutung beigelegt? Geht man von der Voraussetzung aus, daß die διαστρώματα von

[1] Oben § 1 S. 5.
[2] § 5 S. 27.

Amts wegen in Evidenz gehalten wurden, die βιβλιοφύλακες also die διαστρώματα berichtigten, sobald sie z. B. von einem Eigentumswechsel durch die ἀναγραφαί der Notariate Kenntnis erhielten, so ist dies sehr auffallend; konnte dagegen die Eintragung in das διάστρωμα erst auf die ἀπογραφή hin vorgenommen werden, so wäre in den προσαγγελίαι eine Voraussetzung der παράθεσις genannt, das „ἔχειν ἐν ἀπογραφῇ"[1] daher hier vielleicht gleichbedeutend mit „im διάστρωμα eingetragen sein (διακεῖσθαι)". Dieses Resultat ist m. E. deshalb befriedigend, weil von der Eintragung des Veräußerers im διάστρωμα die Erteilung des ἐπίσταλμα in erster Linie abhängig gewesen sein muß.[2]

3. In BGU. I 11,[3] einer προσφώνησις der βιβλιοφύλακες wird in Z. 15 eine ἀπογραφή erwähnt, ohne Zweifel die des vorher in Z. 14 genannten Ἡρακλῆς Κρονίωνος. Vielleicht deutet dies darauf hin, daß zwischen dem διακεῖσθαι διὰ τοῦ διαστρώματος und der ἀπογραφή ein innerer Zusammenhang besteht, denn, ist die ἀπογραφή für die παράθεσις gleichgültig, so braucht sie nicht besonders hervorgehoben zu werden.[4]

4. Für einen speziellen Fall können wir mit Wahrscheinlichkeit vermuten, daß die Eintragung nur auf Antrag erfolgt: dies ist die Eintragung der λύσις einer Hypothek. Die Urkunde, aus der wir dies schließen können, ist Papyrus Lond. II Nr. 348 (S. 214, 215) vom Jahre 205 p., eine notarielle Quittung in ὁμολογία-Form über die Rückzahlung eines Darlehens, für das eine Hypothek bestellt war. Die hier interessierende Stelle Z. 14 ist zwar sehr fragmentiert, doch läßt sich ihr Inhalt klar erkennen: der Gläubiger verpflichtet sich, [διὰ] τῆς τῶν [ἐγκ]τήσεω[ν] βιβλιοθήκης[5] die λύσις der Hypothek zu bewirken.[6] Welchen Sinn hätte diese Vertragsklausel, wenn die Hypothek von Amts

---

[1] Oxy. III 483 Z. 33; Lond. III Nr. 903 (S. 116, 117) Z. 9; Fay. 31 Z. 9.

[2] Oben § 5 S. 29 f.

[3] Wilcken, Ostraka I S. 486.

[4] Ist in Z. 15 zu ergängen: [τοῦ Κρονίωνος ἔχο]ντα ἐν ἀπογραφῇ κτλ.? Das ἔχοντα würde sich dann auf Ἡρακλῆς in Z. 14 beziehen. Daß dieses Ἡρακλῆς verschrieben ist für Ἡρακλῆν, beweist der Akkusativ Παποντῶν in Z. 4.

[5] Gradenwitz, Einführung S. 26, 27.

[6] Eine analoge Vertragsbestimmung findet sich vielleicht in Oxy. II 369, einer Quittung, in der nach Ausweis des Index VII (S. 337) die βιβλιοφύλακες vorkommen.

wegen durch die βιβλιοφύλακες gelöscht worden wäre, die ja durch die ἀναγραφαί des Notariats von der Quittung Kenntnis erhielten?

Ein an die βιβλιοφύλακες gerichteter Antrag auf Löschung einer Hypothek ist uns in BGU. III 907 erhalten.[1]

5. In einigen ἀπογραφαί wird die παράθεσις als Zweck der Deklaration bezeichnet, so in Oxy. IV 713 Z. 35, 35 ἀπογράφομαι . . πρὸς παράθεσιν oder Lips. 9 Z. 23 ε[ἰς τὸ] τὴν παράθεσιν γενέσθ[αι]. Hieraus allein dürfen wir natürlich noch nicht den Schluß ziehen, daß die ἀπογραφή rechtliche Voraussetzung der παράθεσις war. Dies wird aber sehr wahrscheinlich, wenn wir folgenden Umstand berücksichtigen: Wir begegnen in den Quellen häufig der Wendung ἀπογράφεσθαι διά τινος, auffallenderweise aber nur mit Bezug auf Immobilien, also stets in der Verbindung διὰ τῶν βιβλιοφυλάκων.[2] Damit ist m. E. ausgeschlossen, daß mit dem διά nur zum Ausdruck gebracht werden soll, daß die ἀπογραφή von den βιβλιοφύλακες entgegengenommen wird.[3] Diese Wendung ἀπογράφεσθαι διὰ βιβλιοφυλάκων hätte nun einen sehr guten Sinn, wenn auf Grund der ἀπογραφή die βιβλιοφύλακες eine Handlung vornehmen, die

a) durch die ἀπογραφή ermöglicht wird und

b) durch sie herbeigeführt werden soll,

und die deshalb gewissermaßen als Fortsetzung des ἀπογράφεσθαι aufgefaßt wird. Der Deklarant vollzieht dann diese das eigentliche ἀπογράφεσθαι fortsetzende, mit ihm in Kausalzusammenhang stehende Handlung διὰ τῶν βιβλιοφυλάκων. Da wir nun gesehen haben, daß die Deklaranten die παράθεσις als Zweck ihrer ἀπογραφή betrachten, so wäre die auffallende Terminologie erklärt, wenn auch das unter a) angeführte Moment zuträfe, die παράθεσις also bedingt wäre durch eine vorausgehende ἀπογραφή.

---

[1] Gradenwitz, Archiv II S. 99 Anm. 4.

[2] Beispiele: BGU. I 184 Z. 16, 17; 233 Z. 22; II 379 Z. 7, 8; III 907 Z. 10; 919 Z. 11, 12; Lond. II Nr. 299 Z. 16; Nr. 300 Z. 6 (S. 151, 152); Lond. III Nr. 1179 b Z. 53, d Z. 110 (S. 146, 147); Teb. II 472; CPR. 196 Z. 5; Fior. 67 I Z. 7 und 20 (Archiv IV S. 451); II Z. 42. Man vergleiche nun hiermit folgende Stellen: BGU. I 352 Z. 7ff.; 353 Z. 6f.; 354 Z. 7f.; 355 Z. 6f.; 357 Z. 6f.; 358 Z. 10f.; BGU. II 421 Z. 3f.; 629 Z. 6f. Lond. II Nr. 304 Z. 7f. (S. 72); Nr. 328 Z. 6f. (S. 75).

[3] Gradenwitz, Einführung S. 87 Anm. 2. Wenger, Stellvertretung S. 96 Anm. 1.

Unter dieser Voraussetzung hätte demnach *ἀπογράφεσθαι διὰ τῶν βιβλιοφυλάκων* eine ganz prägnante Bedeutung, nämlich die: „durch die *βιβλιοφύλακες* eintragen lassen". Wenn also in Teb. II 472, einer an die *βιβλιοφύλακες* gerichteten *ἀπογραφή* der Deklarant sagt: *ἀπογράφομαι .. δι' ὑμῶν*, so wäre dies gleichbedeutend mit dem

6. *ποιοῦμαι τὴν παράθεσιν* in der an die *βιβλιοφύλακες* gerichteten Eingabe Class. Philol. I Nr. 2. Auch diese Wendung ist eigentlich nur dann verständlich, wenn die *παράθεσις* die Folge der Eingabe ist; zum mindestens geht aus ihr hervor, daß dies die Auffassung des Petenten ist.

7. Auch die Wendung *ἀπογράφομαι πρώτως*[1] darf vielleicht als Argument angeführt werden. Zweierlei kann mit dem *πρώτως* gesagt sein: entweder, daß der Deklarant überhaupt zum ersten Male, oder daß er speziell über das jetzt deklarierte Grundstück zum ersten Male den *βιβλιοφύλακες* eine *ἀπογραφή* einreicht. Wäre die letztere Bedeutung die zutreffende, so wäre das *πρώτως* in Teb. II 323; 472 ein ganz inhaltsloser, überflüssiger Zusatz, denn, daß die Käufer die am Tage der Einreichung der *ἀπογραφή* gekauften Grundstücke zum ersten Male deklarieren, ist selbstverständlich. Aber ganz abgesehen hiervon: einen positiven Beweis dafür, daß mit dem *πρώτως* zum Ausdruck gebracht werden soll „vor dieser Deklaration hat der Deklarant überhaupt noch keine Immobiliar-*ἀπογραφή* eingereicht", haben wir m. E. in Fay. 31 in Verbindung mit Lond. II 300 (S. 151). In der Anmerkung zu Fay. 31 Z. 18 weisen die Editoren mit Recht darauf hin, daß das *πρωταπογ* (..) in Fay. 31 Z. 18 ebenso wie die offenbar den Gegensatz hierzu bildenden Worte *ἀπογεγρα* (..) *τοῖς προτέροις* in Lond. II 300 Z. 12 entweder zu beziehen sind to the object about to be transferred or to the person receiving it. Wir haben nun oben[2] gesehen, daß im Fall des Lond. II 300 der die beabsichtigte Veräußerung anmeldende Eigentümer an demselben Tage wie die *προσαγγελία* auch eine *ἀπογραφή* eingereicht hat, und haben angenommen, daß dies geschehen ist, um die Erteilung des *ἐπίσταλμα* zu ermöglichen. Dabei ist also vorausgesetzt, daß der Eigentümer sein Grundstück vorher noch nicht deklariert hatte. Geht man

---

[1] Teb. II 323; 472 (reguläre *ἀπογραφαί*). Oxy. II 248 Z. 10 (cf. § 1 S. 5 Anm. 6); Oxy. III 481; 637 (?).

[2] S. 28.

hiervon aus und bezieht die Worte ἀπογεγρα(..) τοῖς προτέροις scil. βιβλιοφύλαξι auf das ἀρούρας in Z. 8, so würde mit diesen Worten auf eine ἀπογραφή eines früheren Eigentümers hingewiesen werden, was meiner Meinung nach kaum zu erklären wäre. Da nun auch der Beziehung des πρωταπογ(..) in Fay. 31 Z. 18 auf das Objekt Bedenken entgegenstehen,[1] so sind m. E. beide in Rede stehenden Wendungen mit den unmittelbar vorausgehenden Dativen zu verbinden. Hiernach wird in Lond. II 300 zu lesen sein: βούλομαι παραχωρῆσαι Ἡρακλείδηι . . . ἀπογεγρα(μμένῳ) τοῖς προτέροις, und man wird übersetzen müssen: an Herakleides, der an die früheren βιβλιοφύλακες eine ἀπογραφή eingereicht hat.[2] Dementsprechend gehört πρωταπογ(..) in Fay. 31 zu dem Σωκράτηι in Z. 16. Wie diese Abbreviatur aufzulösen ist, können wir allerdings nur vermuten. Da ihre Bedeutung — dies ergibt sich aus dem Gegensatz zu Lond. II 300 Z. 12 — sein muß, daß von dem Sokrates bisher noch keine[3] Immobiliardeklaration eingereicht worden ist, so müssen wir vielleicht lesen: πρώτ(ως) ἀπογ(ραψομένῳ). Damit wäre dann gesagt, daß die nach Kaufabschluß einzureichende reguläre ἀπογραφή des Käufers dessen erste Immobiliardeklaration sein würde.

Fassen wir nun das πρώτως in Teb. II 323; 472 in derselben Weise auf, so erhebt sich die Frage, weshalb die Tatsache, daß vor diesen ἀπογραφαί die Deklaranten noch keine Immobiliarἀπογραφαί eingereicht haben, besonders hervorgehoben wird. Haben die ἀπογραφαί die von uns behauptete Bedeutung, so ist dies ohne weiteres klar: der Zusatz πρώτως weist dann darauf hin, daß für den Deklaranten noch keine Eintragung im διάστρωμα besteht, für ihn also ein neues Folium anzulegen ist.[4]

8. Daraus, daß im Fall des Lond. III 940 (S. 118) die in

---

[1] Grenfell-Hunt l. c.

[2] Daß nicht übersetzt werden darf: „der diese vier Aruren den früheren βιβλιοφύλακες deklariert hat“, bedarf keiner Ausführung. Herakleides soll ja erst Eigentümer dieser Aruren werden.

[3] Das τοῖς προτέροις in Lond. II 300 Z. 12 ist offenbar nebensächlich. Der Nachdruck liegt auf dem ἀπογεγραμμένῳ.

[4] Dieselbe Bedeutung hat das πρώτως m. E. in den generellen ἀπογραφαί; es wird dann damit gesagt, daß der Deklarant in dem διάστρωμα, zu dessen Revision die generellen ἀπογραφαί angeordnet sind, kein Folium gehabt hat. Den Gegensatz zu dem πρώτως bildet die Wendung χωρὶς ὧν ἀπεγραψάμην cf. Oxy. II 249; 250; III 482.

dieser Urkunde deklarierten Hausanteile noch im Jahre 226 auf den Namen des bereits im Jahre 206 gestorbenen früheren Eigentümers eingetragen sind, haben wir geschlossen,[1] daß die Erben diese Hausanteile in dieser ἀπογραφή zum ersten Male deklarieren. Wie erklärt sich nun aber, daß das διάστρωμα so lange Zeit nicht berichtigt worden ist? War die παράθεσις bedingt durch vorausgehende ἀπογραφή, so ist dies ohne weiteres klar: die Umschreibung konnte nicht erfolgen, weil die Erben nicht deklariert hatten. Waren dagegen die διαστρώματα von den βιβλιοφύλακες von Amts wegen in Evidenz zu halten, so bleibt es, auch wenn in der Zwischenzeit eine ἀπογραφή von den Erben nicht eingereicht worden ist, höchst auffallend, daß das διάστρωμα so lange unrichtig bleiben konnte, zumal wenn es der Kataster war, auf Grund dessen die Veranlagung und Erhebung der Grundsteuern erfolgten.[2]

Hiermit ist unser Beweïsmaterial erschöpft;[3] höchstens könnte hier noch Teb. II 318 angeführt werden, doch wollen wir diese Urkunde im folgenden Paragraphen im Zusammenhang mit BGU. I 243 und Gen. 44 besprechen.

Dürfen wir auf Grund der beigebrachten Argumente als wahrscheinlich annehmen, daß die Eintragungen im διάστρωμα erst

---

[1] Oben S. 28.

[2] Besonders rätselhaft ist diese Unterlassung der Berichtigung dann, wenn man die βιβλιοθήκη ἐγκτήσεων als Ressort der δημοσία βιβλιοθήκη auffaßt. Wie wir aus Lond. III Nr. 935 (S. 30) sehen, hat Αὐρήλιος Ἑρμεῖνος ὁ καὶ Μῶρος bereits in der κατ' οἰκίαν ἀπογραφή vom 24. Jahr des Caracalla das in Rede stehende Haus deklariert. Da nun die κατ' οἰκίαν ἀπογραφαί in der δημοσία βιβλιοθήκη aufbewahrt wurden — Preisigke, Pap. Str. I S. 125 Anm. 10; Naber, Archiv I S. 322 —, so wäre also der Behörde die infolge des Erbfalls eingetretene Unrichtigkeit des διάστρωμα bekannt gewesen. Trotzdem unterbleibt die Berichtigung!

[3] Aus Oxy. I 78 kann m. E. kein sicherer Schluß gezogen werden. Hier beschwert sich ein Grundstückseigentümer über die ἄγνοια des Beamten — wohl des βιβλιοφύλαξ —, der ihn trotz seiner ἀπογραφή nicht eingetragen hat. Hieraus folgt nicht, daß die Eintragung nicht auch ohne ἀπογραφή hätte erfolgen können. Fior. 97 ist hier mit Absicht unberücksichtigt geblieben; umgekehrt möchte ich das in diesem Paragraphen gewonnene Ergebnis für die Erklärung dieser Urkunde verwerten. Ist die ἀπογραφή Voraussetzung der παράθεσις, so steht m. E. die regelmäßige Bezugnahme auf eine ἀπογραφή bei den einzelnen Eintragungen in Fior. 97 der oben (S. 18f.) vorgeschlagenen Interpretation dieses Papyrus nicht entgegen.

auf die Deklarationen hin vorgenommen werden konnten, so werden wir die regulären ἀπογραφαί wohl am besten als „Eintragungsanträge" charakterisieren, da ja in Oxy. IV 713 und Lips. 9 die παράθεσις ausdrücklich als Zweck der ἀπογραφή bezeichnet wird. Genauer werden wir vielleicht sagen müssen: „Eintragungsanträge, gestellt von denen, zu deren Gunsten die Eintragungen erfolgen sollen". Dieser Zusatz ist deshalb erforderlich, weil wir m. E. in den Quellen Spuren haben, die darauf hindeuten, daß der „Eintragungsantrag" auch vom Veräußerer gestellt werden konnte, also von dem, „dessen Recht durch die Eintragung betroffen wird".

Wenn es in Oxy. III 506 Z. 41, 42 im Anschluß an das den Verpfändern auferlegte Veräußerungsverbot heißt:

[οὐκ ἐξεῖναι τ]ῇ Θατρῆτι καὶ Τετεωρίῳ ταῦτα πωλεῖν . . . οὐδὲ ἀπογράφεσθαί τινα ἐπὶ τῶν ἀ[[. . .]]γρῶν,

so kann dieses ἀπογράφεσθαί τινα wohl nur übersetzt werden: „jemanden eintragen lassen".[1] Da nun mit dieser ἀπογραφή m. E. unmöglich eine vor einer Veräußerung an die βιβλιοφύλακες einzureichende προσαγγελία gemeint sein kann, so bleibt wohl nur übrig, sie als einen nach einer Veräußerung gestellten Eintragungsantrag aufzufassen.

Ein Beispiel eines solchen vom Veräußerer ausgehenden Eintragungsantrags ist uns vielleicht in dem leider unpublizierten PER. Nr. 1523[2] erhalten. Auch die in Oxy. II 237 Col. V Z. 23 erwähnten ἀπογραφή des Chairemon, durch die dieser die Eintragung der κατοχή der Dionysia herbeigeführt hat, kommt hier möglicherweise in Betracht.

Daneben scheint es nun noch eine dritte Möglichkeit gegeben zu haben, die παράθεσις herbeizuführen. In dem Personalfolium BGU. IV 1072 Col. I ist nach Wilcken, wie schon erwähnt, in Z. 3ff. zu lesen: ἡ διὰ τοῦ πρὸ τούτου διαστρώματος . . . διὰ ἀ[γ]ορανόμου παρά(θεσις) und zwar bilden diese Worte dann die Überschrift zu dem darauffolgenden Eintrag. Wilcken[3] hat aus der von ihm erkannten Zusammengehörigkeit der Worte διὰ τοῦ ἀγορανόμου und παράθεσις geschlossen, daß der Agoranom, vor dem die in Z. 5 genannte συγγραφή errichtet worden ist,

[1] So übersetzen Grenfell-Hunt: to register any one as owning it.
[2] Führer durch die Ausstellung der Papyrus Erzherzog Rainer Nr. 227.
[3] Archiv IV S. 563.

über diese Urkunde eine Meldung an die βιβλιοφύλακες gerichtet hat. Welcher Art war nun diese Meldung? An eine die Evidenthaltung der διαστρώματα lediglich unterstützende Mitteilung des Notars über den vor ihm abgeschlossenen Kontrakt kann hierbei m. E. nicht gedacht werden, denn welchen Sinn hätte es gehabt, eine derartige Mitteilung in so auffallender Weise zu betonen? Die Worte διὰ τοῦ ἀγορανόμου scheinen mir vielmehr darauf hinzuweisen, daß in diesem Falle die Eintragung durch den Agoranomen herbeigeführt worden ist, daß also die βιβλιοφύλακες die παράθεσις auf Antrag des Notars vollzogen haben.[1] Die Frage, wie dies mit unserem Satze, daß die παράθεσις eine ἀπογραφή voraussetzt, in Einklang zu bringen ist, läßt sich allerdings nur mit einer Hypothese beantworten: wir dürfen vielleicht vermuten, daß der Agoranom in unserem Falle von den Kontrahenten ermächtigt war, die παράθεσις zu beantragen.[2] Der Antrag des Notars würde dann die ἀπογραφή des Erwerbers (eventuell auch des Veräußerers) ersetzen.

§ 8.

BGU. I 243; Class. Philol. 2; Gen. 44 und Teb. II 318.

Von den an die βιβλιοφύλακες[3] gerichteten Gesuchen um παράθεσις sind vier von besonderem Interesse: es sind dies BGU. I 243, Gen. 44, Teb. II 318 und der von Goodspeed, Classical Philology I S. 167, 168 unter II publizierte Papyrus. Letzterer wird hier nur nebenbei berücksichtigt werden, da der dieser Urkunde zugrunde liegende Tatbestand, soweit wir sehen, mit dem von BGU. I 243 genau übereinstimmt.

Beginnen wir mit BGU. I 243. Wie sich aus dem Inhalte der Urkunde ergibt, ist sie eine Eingabe eines Grundstückskäufers,[4] in der dieser seine παράθεσις beantragt,[5] und ist daher als Eintragungsantrag den im vorigen Paragraphen besprochenen regulären ἀπογραφαί zur Seite zu stellen. Verkäufer ist Σουχᾶς; Kaufobjekt ein Hausanteil.

---

[1] In derselben Weise wird wohl Oxy. II 274 Z. 40ff. zu erklären sein.

[2] Ich verdanke diese Erklärung einer gütigen Mitteilung meines verehrten Lehrers, Herrn Professor L. Mitteis.

[3] cf. § 7 S. 40 Anm. 3.

[4] Archiv III S. 397.

[5] Z. 9, 10: Διὸ ἐπιδίδομι εἰς τὸ τὴν παράθεσιν γενέσθαι κτλ.

Was zunächst den Text der Urkunde anlangt, so muß m. E. in Z. 4 statt des [*καθῆκ*]*ον* ein [*κοιν*]*όν* ergänzt werden;[1] *καθήκειν* in der Bedeutung „*προσήκειν*, *ὑπάρχειν*" wäre, soweit ich zu sehen vermag, durchaus ungewöhnlich. Liest man *κοινόν*, so ist dann auch das *κατά* in derselben Zeile, das nach Viereck für *καὶ* verschrieben ist, ganz am Platze.[2] Der Käufer war demnach bereits zu einem Bruchteil Miteigentümer des Kaufgrundstücks.[3]

Für die Erklärung der Urkunde von fundamentaler Bedeutung sind nun m. E. die Worte *μὴ ἀπογεγρα*(..) in Z. 9, deren Stellung am Schluß des Satzes vielleicht darauf hindeutet, daß auf sie besonderer Nachdruck gelegt ist. Wie ist diese Abkürzung aufzulösen? Sollte, wie in der Edition, *μὴ ἀπογεγρα*(*μμένον*), zu *μέρος* gehörend, zu lesen sein, so ist doch der Sinn dieser Worte m. E. nur der, daß der den Gegenstand des Kaufs bildende Hausanteil nicht vom Verkäufer deklariert ist; der Petent rechnet ja, wie aus Z. 13f. hervorgeht, mit der Möglichkeit, daß sich ein *προπαρακείμενον* herausstellen könnte, daß also z. B. ein Dritter im *διάστρωμα* als Eigentümer des Hausanteils eingetragen ist, was nach unserer Annahme eine *ἀπογραφή* voraussetzen würde.

Wenn es sprachlich möglich ist, möchte ich aber die Auflösung der Abbreviatur in *μὴ ἀπογεγρα*(*μμένου*) vorziehen und diese Worte dann mit *Σουχᾶ* verbinden; wir kämen so ohne weiteres zu dem Resultat, daß *Σουχᾶς*, da er keine *ἀπογραφή* eingereicht hat, im *διάστρωμα* nicht als Eigentümer des Kaufobjekts eingetragen ist.[4]

[1] In Z. 3 wird zu lesen sein: *ἐν κ*[*ώ*]*μῃ* [*Πατσῶ*]*ντι* cf. BGU. III 720 Z. 4; Goodsp. 25 Z. 7.

[2] cf. BGU. III 919 Z. 17, 18; Lond. II Nr. 333 Z. 20, 21 (S. 199): *τρί*[*τ*]*ον μέρος κοινὸν π*[*ρὸς*] *αὐτὰς κατὰ τὸ λοιπὸν δίμυρον μέρος*; Oxy. III 501 Z. 12, 13.

[3] So auch in Class. Philol. 2, wo in Z. 3 zu ergänzen ist: *πρὸς ἐμ*[*ὲ κατὰ*] *κτλ.*

[4] Auch in Class. Philol. 2 ist m. E. der Verkäufer nicht im *διάστρωμα* eingetragen. Da wir nämlich, worauf schon Goodspeed aufmerksam gemacht hat, hinter dem *διακειμένων* in Z. 6 eine Auslassung annehmen müssen, so möchte ich vermuten, daß hinter diesem *διακειμένων* noch der Name des Veräußerers gestanden hat (cf. § 4 S. 22 Anm. 3). Wir hätten dann hier eine vollkommene Parallele zu dem *μὴ ἀπογεγρα*(*μμένου*) in BGU. 243, nur daß in dem einen Fall die Ursache, in dem anderen die Folge genannt wäre. (Weil der Veräußerer nicht deklariert hat, deshalb ist er nicht eingetragen).

Im wesentlichen der gleiche Tatbestand liegt dem Eintragungsantrag Gen. 44 zugrunde, wo in Z. 16, 17 ausdrücklich gesagt wird, daß das Kaufgrundstück nicht auf den Namen des Verkäufers intabuliert ist. In beiden Fällen wird der Kaufkontrakt, dessen Kopie den *βιβλιοφύλακες* eingereicht wird, als *χρηματισμός* bezeichnet, in Gen. 44 genauer als *δημόσιος χρηματισμός*,[1] der, wie aus Z. 9 hervorgeht, vor dem *ἀρχεῖον* errichtet worden ist. Ebenso wird in BGU. I 243 der Kaufvertrag — dies darf wohl aus der Bezeichnung der Urkunde als *χρηματισμός* gefolgert werden — in notarieller Form abgeschlossen worden sein. Auf Grund der in § 5 gewonnenen Ergebnisse müssen wir dann aber als möglich annehmen,[2] daß diese Verträge nicht *διὰ τῆς βιβλιοθήκης* zustande gekommen, die *χρηματισμοί* also ordnungswidrig ohne vorheriges *ἐπίσταλμα* der *βιβλιοφύλακες* errichtet sind.[3]

Wir werden nun davon auszugehen haben, daß bei auf Rechtsgeschäft beruhendem Erwerb der Erwerber grundsätzlich nur dann eingetragen wurde, wenn der Auctor eingetragen war. Dies ist ja das Prinzip, auf dem die in § 5 besprochene Vorschrift des Edikts des Rufus beruht: der Eigentümer soll über sein Grundstück nur dann verfügen können, wenn er durch das *διάστρωμα* als Berechtigter ausgewiesen wird; nur die Konsequenz davon ist, daß die *βιβλιοφύλακες* auch nur unter dieser Voraussetzung die *παράθεσις* des Erwerbers vollziehen, insbesondere ein Grundstück nur dann auf das Folium des Käufers umschreiben, wenn der Verkäufer als Eigentümer eingetragen ist.

Auch aus Fior. 92[4] kann dies per analogiam geschlossen werden. In dieser Urkunde wird eine *μετεπιγραφή*, also eine

---

Die Auslassung erklärt sich vielleicht daraus, daß unsere Urkunde eine etwas nachlässig angefertigte Kopie ist; so fehlt auch in Z. 4 das zu *προκειμένων* gehörige Substantivum (vielleicht *ἀρουρῶν*).

[1] Z. 8, 9. cf. Koschaker, Sav. Z. 28 S. 267 Anm. 6.

[2] Man braucht wohl nicht unbedingt eine ordnungswidrige Kontraktserrichtung anzunehmen. Herr Professor L. Mitteis weist zu BGU. I 243 auf die Möglichkeit hin, daß der Dritte, im *διάστρωμα* als Eigentümer Eingetragene der Erteilung des *ἐπίσταλμα* zugestimmt hat, und daß auf Grund dieser Zustimmung die *βιβλιοφύλακες* die Vollzugsermächtigung erteilt haben, obwohl der Veräußerer nicht eingetragen war.

[3] Das Gleiche muß von dem in Pap. Class. Philol. 2 Z. 7 genannten *χρηματισμός* gelten. Was die Worte *ἐπισταλέντι ἐπὶ σφραγισμῶν* bedeuten, muß dahingestellt bleiben.

[4] cf. § 3 S. 20 Anm. 5.

Eintragung in den *καταλοχισμοί*, durch den Katasterbeamten angeordnet, doch soll die *μετεπιγραφή* nur dann vorgenommen werden.

Ἐὰν παρακῶντ(αι) διὰ τῶν καταλοχισμῶν
Διδύμῃ τῇ κ(αὶ) Σοήρει . . . ἄρουραι δεκαὲξ τέταρτον

d. h. also, wenn die in Rede stehenden Aruren in den *καταλοχισμοί* auf den Namen der bisherigen Eigentümerin, der *Διδύμη* eingetragen sind.

Dasselbe Prinzip wird auch bei den Eintragungen in die *διαστρώματα* gegolten haben; auch hier wird grundsätzlich die Eintragung des AuctorVoraussetzung gewesen sein für die des Erwerbers.

Beachten wir dies, so kommen wir zu dem Ergebnis, daß es sich in BGU. 243, Class. Philol. 2 und Gen. 44 um anormale Fälle handelt, insofern, als es hier an dieser Voraussetzung der beantragten *παράθεσις* fehlt.

Unsere Urkunden haben nun eine Klausel gemeinsam, die der Interpretation große Schwierigkeiten bietet. Sie lautet in BGU. 243[1]:

εἰ δὲ φανείη εἶναι
κύριον τ[ὸ] προκατεσχη(μένον) ἢ προπαρακεί(μενον)
διὰ τοῦ βιβλ(ιοφυλακείου) πρὸ τῆς παραθέσεως καὶ μὴ
ἔσεσθαι ἐμπόδιον ἐκ τ[ῆσ]δε τῆς παραθ(έσεως).

Übersetzt man: Sollte sich herausstellen, daß (schon) vor der (jetzt beantragten) Eintragung ein Dritter durch das *βιβλιοφυλακεῖον* gültig als Pfandgläubiger[2] oder Eigentümer[3] eingetragen worden ist, so soll aus der (jetzt beantragten) Eintragung kein Hindernis entstehen (für das eventuelle Recht des Dritten), so würde also der Käufer zugunsten fremder Rechte einen Vorbehalt machen, was um so auffallender ist, als er in Z. 12, 13 ausdrücklich sagt, das Kaufobjekt sei sein Eigentum und sei nicht belastet.[4] Wie kommt der Petent dazu, diesen Vorbehalt zu machen?

---

[1] Mitteis, Aus den griechischen Papyrusurkunden S. 46 Anm. 42.

[2] Das *προκατεσχημένον* bezieht sich m. E., wenn auch vielleicht nicht ausschließlich, so doch in erster Linie auf Pfandrechte; cf. die bei Pappulias, l. c. S. 209 angeführte Stelle aus den Lexica Segueriana über den Zweck der *ὅροι*: *ἕνεκα τοῦ μηδένα συμβάλλειν τοῖς προκατεσχημένοις.*

[3] Das *προπαρακείμενον* entspricht dem *προσῆκον* in Class. Philol. 2 Z. 10.

[4] Den Nachweis dieser Behauptung will er in einer *ἀπογραφή* erbringen. Weist die unbestimmte Ausdrucksweise: *ὁπόταν . . τὴν ἀπογραφὴν ποιῶμαι* auf eine generelle *ἀπογραφή* hin?

Die entsprechende Stelle in Gen. 44 ergänzt WILCKEN[1] nach Class. Philol. 2 folgendermaßen:

εἰ δὲ φα[νείη ἑτέρῳ προσῆκον ἢ π]ροκατεσχημένον διὰ τοῦ βιβλιοφυλακείου, [μὴ ἔσεσθαι ἐμπόδιον ἐκ] τῆσδε τῆς παραθέσεως.

Also auch hier dieselbe rätselhafte Clausula salvatoria zugunsten fremder Rechte!

Wenn wir nun sehen, daß unsere Urkunden BGU. 243, Gen. 44, Class. Philol. 2[2] zwei Momente gemeinsam haben, nämlich

a) den eben erwähnten Vorbehalt, der sich, abgesehen von Teb. II 318, in keiner anderen Urkunde findet, insbesondere in keiner der uns erhaltenen regulären *ἀπογραφαί* von Grundstückskäufern,[3].

b) den Umstand, daß eine Voraussetzung der beantragten *παράθεσις*, nämlich die Eintragung des Auctor, nicht gegeben ist,

so liegt es m. E. nahe, diese beiden Momente miteinander in Zusammenhang zu bringen.

Man könnte dann etwa vermuten, daß der Zweck des Vorbehalts darin bestand, die *παράθεσις* zu ermöglichen, obwohl es an einer ihrer Voraussetzungen, der Eintragung des Auctor, fehlte. Dürfen wir also auf Grund der Subskriptionen in BGU. 243 und Gen. 44 annehmen, daß in diesen Fällen die *παράθεσις* wirklich erfolgt ist, so wäre hier die Eintragung die Folge eben dieses Vorbehalts.

Wir würden in diesen Fragen wahrscheinlich klarer sehen, wenn sich die Wirkung der *παράθεσις* eruieren ließe; immerhin ist schon von Wichtigkeit, daß wir überhaupt auf Grund von Oxy. II 237 Col. VII Z. 17, 18 eine rechtliche Wirkung der *παράθεσις* annehmen dürfen.[4] Vielleicht ist es gerade dieser uns unbekannte spezifische Effekt der *παράθεσις*, der durch

---

[1] Archiv IV S. 174.

[2] Eine Urkunde der gleichen Art befindet sich, wie ich nachträglich durch die gütige Auskunft des Herrn Professor PAUL M. MEYER, für die ich ihm auch an dieser Stelle aufrichtigen Dank sagen möchte, erfahre, unter den Papyri der Hamburger Sammlung. Auch in dem Hamburger Papyrus treffen die beiden im Text angegebenen Momente zusammen. Die Worte *μὴ ἀπογεγραμμένων* in Z. 14 dieser Urkunde, aus denen folgt, daß die Verkäufer nicht im *διάστρωμα* eingetragen waren, bestätigen übrigens die oben (S. 53) vorgeschlagene Auflösung der Abbreviatur *μὴ ἀπογεγρα(..)* in BGU. I 243 Z. 9.

[3] cf. oben S. 40. [4] cf. oben § 6 S. 40 Anm. 2.

unseren Vorbehalt abgeschwächt bzw. suspendiert werden soll, ohne daß die ihre Eintragung beantragenden Käufer damit schlechthin auf die Geltendmachung ihrer Rechte gegenüber diesen Dritten, zu deren Gunsten der Vorbehalt lautet, verzichten würden.

Ist nun Teb. II 318 hiermit vereinbar? In Z. 3 und 4 dieser Urkunde wird auf zwei Darlehensverträge Bezug genommen, die beide vor dem *γραφεῖον* in Tebtunis in Form von Homologien abgeschlossen worden sind, und in denen die Schuldner der Gläubigerin zur Sicherung der Darlehensforderungen versprochen haben, bestimmte, ihnen gehörige Grundstücksanteile *φυλάξιν ἀνεξαλλωτρίωτα καὶ ἀκαταχρημάτιστα*. Vier Jahre nach Kontraktsschluß beantragt die Gläubigerin in unserer Urkunde die *παράθεσις* des ihr von den Schuldnern eingeräumten Rechts. Ehe wir nun weiter gehen, ist die Frage zu erledigen: ist der Gläubigerin in den genannten Homologien ein Pfandrecht bestellt worden oder besteht ihre Sicherung lediglich in dem zu ihren Gunsten vereinbarten Veräußerungsverbot?

Schon das Wort *κ[ατο]χίμων* in Z. 21 läßt vielleicht darauf schließen, daß die den Gegenstand des Veräußerungsverbots bildenden Grundstücke mit einer *κατοχή* belastet sind, das Recht der Gläubigerin also wahrscheinlich als Pfandrecht[1] aufzufassen ist. Diese Vermutung wird m. E. gestützt durch Oxy. III 506.[2]

Es liegt nahe, beide Urkunden, Oxy. III 506 und Teb. II 318 miteinander zu kombinieren, und zwar geben den Anstoß dazu die Worte Z. 49, 50 des erstgenannten Papyrus:

ἐξόντος τῷ δεδανεικότι ὁπόταν αἱρῆται κατοχὴν [αὐτῶν .....] χίσα[σθ]αι πρὸ τοῦ τῶν ἐγκτήσεων βιβλιοφυλακείου.

Der Sinn dieser Vertragsbestimmung ist m. E.: der Gläubiger soll berechtigt sein, die ihm zustehende *κατοχή*, wann er will, durch die *βιβλιοφύλακες* eintragen zu lassen.

Nehmen wir nun an, daß die in Teb. II 318 erwähnten Homologien eine analoge Klausel enthielten, daß demnach die Gläubigerin in Teb. II 318 von der ihr hierdurch in den Kontrakten erteilten Befugnis Gebrauch macht, und beachten wir,

[1] Eine andere Bedeutung kann *κατοχή* in diesem Zusammenhang wohl kaum haben.

[2] Über Oxy. III 506: Rabel, Sav. Z. 28 S. 366, 367.

daß in Oxy. III 506 Z. 41, 42 wie in diesen Kontrakten zugunsten des Gläubigers ein Veräußerungsverbot vereinbart wird, so dürfen wir wohl sagen: Oxy. III 506 ist ein solcher Vertrag, wie sie in Teb. II 318 vorausgesetzt werden.[1] Dann aber ist klar, daß die *κατοχή*, um deren *παράθεσις* es sich in unserer Urkunde handelt, als Pfandrecht oder wenigstens als pfandrechtartiges Recht[2] aufzufassen ist.

In Z. 22ff. findet sich nun derselbe Vorbehalt zugunsten fremder Rechte, dem wir in den oben besprochenen Urkunden begegnet sind; er lautet hier, wie in Class. Philol. I Nr. 2[3]:

εἰ δὲ φ[άνειαν ἑτέρ]ῳ προσή[κο]υσαι ἢ προκ[α]τ[ε-[σχημέναι] δι[ὰ] τοῦ βιβλιο[φυλ]ακείου μὴ ἔσεσ[θαι] ἐμπόδι[ο]ν ἐκ [τῆσ-[δε τῆς] π[αρ]αθέσεως κτλ.

Können wir diese Klausel hier in derselben Weise erklären, wie in den anderen Urkunden?

Daß die Eigentümer der verpfändeten Grundstücke nicht im *διάστρωμα* eingetragen sind, wird in unserer Urkunde nicht gesagt; wir dürfen dies daher m. E. nicht ohne weiteres voraussetzen, müssen vielmehr davon ausgehen, daß die Schuldner wenigstens zur Zeit der *κατοχή*-Bestellung als Eigentümer eingetragen waren, und daß die Pfandhomologien ordnungsgemäß *διὰ τῆς βιβλιοθήκης* errichtet worden sind. Von Wichtigkeit ist nun, daß die *κατοχή* und das mit ihr verbundene Veräußerungsverbot zur Zeit der Einreichung unseres „Eintragungsantrags" noch nicht intabuliert sind; dies folgt m. E. aus Z. 19f. und wird bestätigt durch die Subscriptio des *γραμματεύς*, aus der wir wohl schließen dürfen, daß erst auf diesen Antrag der Gläubigerin hin die *παράθεσις* der *κατοχή* erfolgt.[4] Beachten wir dies, so sehen wir, daß die Schuldner in der Lage waren, trotz des Veräußerungsverbots über die belasteten Grundstücke zu verfügen: das Veräußerungsverbot konnte, da es eben nicht intabuliert war, die

[1] Abgesehen von der Form: Oxy. III 506 ist keine *ὁμολογία*.

[2] Rabel, l. c. S. 367 charakterisiert die *κατοχή* in Oxy. III 506 als „Zugriffsrecht".

[3] Gehören vielleicht die Worte *διὰ τοῦ βιβλιοφυλ(ακείου)* in Z. 9 dieser Urkunde hinter das *προκατεσχημένον* in Z. 10?

[4] Unsere Urkunde hätte daher oben in § 7 als Indiz dafür angeführt werden können, daß die *παράθεσις* einen Antrag voraussetzt. cf. oben S. 50.

Erteilung eines ἐπίσταλμα nicht verhindern.[1] Hatten also die Schuldner die Pfandgrundstücke z. B. verkauft, und war der Erwerber auf Grund dieses Kaufs im διάστρωμα als Eigentümer eingetragen worden, so fehlt es jetzt an einer Voraussetzung für die παράθεσις der Pfandgläubigerin: an der Eintragung des Auctor (der Verpfänder).

Dürften wir nun supponieren, daß die Pfandgläubigerin gerade für diese Eventualität den Vorbehalt zugunsten der fremden Rechte trifft, sie also, um auch in diesem Falle die παράθεσις ihrer κατοχή zu erlangen, die, wie unsere Urkunden lehren, zu einer festen Formel erstarrte Vorbehaltsklausel in ihren Antrag aufnimmt, so wäre Teb. II 318 mit der oben versuchten Erklärung dieser Klausel vereinbar. Bei dieser Annahme wäre wenigstens verständlich, wie die Petentin zu diesem Vorbehalt kommt, eine Frage, die besonders schwer zu beantworten ist, wenn wir die Wirkung des Veräußerungsverbots in Betracht ziehen. Dem Pactum, durch das sich der Verpfänder dem Pfandgläubiger gegenüber verpflichtet, das Pfandobjekt nicht zu veräußern und nicht weiter zu belasten, werden wir m. E. entsprechend Dig. 20, 5 l. 7 § 2[2] auch im Rechte der Papyri dingliche Wirkung zuschreiben müssen.[3] Trifft dies zu, so waren also alle Verfügungen, die die Eigentümer nach Errichtung der das Veräußerungsverbot enthaltenden ὁμολογίαι über die verpfändeten Grundstücke vornehmen,

---

[1] cf. oben S. 29.

[2] Alle Versuche, den durch die Basiliken bestätigten Text der Florentina zu ändern, sind m. E. abzulehnen; ebensowenig möchte ich aber mit Lusignani (Bull. dell' ist. di dir. rom. Bd. 11 S. 26—31) die Stelle als interpoliert betrachten. Ob, wie Neubecker (Sav. Z. 20 S. 283) andeutet, der in Dig. 20, 5, 7, 2 ausgesprochene Rechtssatz auf griechisches Recht zurückgeführt werden kann, wage ich nicht zu entscheiden. Nach Ansicht einiger Autoren — z. B. Hitzig, Griechisches Pfandrecht S. 108f.; Herzen, Origine de l'hypothèque romaine S. 207 — kennt das griechische Recht sogar ein gesetzliches Veräußerungsverbot zugunsten des Pfandgläubigers mit der Wirkung, daß Veräußerungen des Pfandobjekts ohne Zustimmung des Pfandgläubigers nichtig sind. Hierzu jetzt Pappulias, l. c. S. 122ff.

[3] In Fior. 1 Z. 9 und Str. 52 Z. 10, vielleicht auch Fior. 81 Z. 16, 17 — cf. auch Lond. III Nr. 1168 Z. 10 (S. 136) — wird die Nichtigkeit der dem Veräußerungsverbot zuwiderlaufenden Verfügungen ausdrücklich hervorgehoben, während in den übrigen ein pactum de non alienando enthaltenden Pfandurkunden: Oxy. III 506; 507; Lips. 10; Fior. 28; Lond. II Nr. 311 (S. 220), eine derartige Klausel wohl als überflüssig weggelassen worden ist.

nichtig; eine eventuelle, auf einer solchen nichtigen Verfügung beruhende Eintragung stand daher mit der materiellen Rechtslage nicht im Einklang, war also unrichtig.

Welche Veranlassung hat nun die Pfandgläubigerin die Interessen Dritter, Scheinberechtigter, wahrzunehmen, die den ihrigen nur entgegenstehen? Eine Interpretation unserer Urkunde, die befriedigen soll, muß m. E. zunächst das Rätsel lösen, welches Interesse die Pfandgläubigerin an dem Vorbehalt zugunsten Dritter hat. Dieses Postulat wird von der hier versuchten Erklärung, die ich übrigens nur unter aller Reserve gegeben haben möchte, erfüllt: der Vorbehalt hätte hiernach den Zweck, die *παράθεσις* auch für den Fall zu ermöglichen, daß die Verpfänder nicht mehr im *διάστρωμα* als Eigentümer eingetragen sind, es also an dieser Voraussetzung der *παράθεσις* fehlt.

§ 9.
Weitere Voraussetzungen der παράθεσις.

I. Wir sind bis jetzt zu dem Ergebnis gelangt, daß die *παράθεσις* eine *ἀπογραφή* zur Voraussetzung hat, und daß im Falle rechtsgeschäftlichen Erwerbs der Eintragungsantrag möglicherweise auch vom Veräußerer, also „dem, dessen Recht von der Eintragung betroffen wird", gestellt werden kann. Wir stehen nun vor der Frage: Ist zur Herbeiführung der *παράθεσις* eine Mitwirkung des Veräußerers auch dann erforderlich, wenn der Erwerber die Eintragung mittels regulärer *ἀπογραφή* beantragt?

Eine Reihe von Quellenstellen scheint mir auf die Möglichkeit hinzuweisen, daß wir mit dem Bestehen eines Rechtssatzes zu rechnen haben, der — wenn dieser Vergleich gestattet ist — entsprechend dem in § 19 unserer Grundbuchordnung ausgesprochenen Prinzip zum Vollzug der *παράθεσις* des Erwerbers eine „Eintragungsbewilligung" des Veräußerers verlangen würde.

Zunächst kommen hier folgende *ἀπογραφαί* in Betracht:

Lips. 3 Col. II Z. 4f.: *ἀπογρά(φομαι) . . . σ[υνευδοκούσης] Αὐρ(ηλίας) Ἀρτεμιδώρας*, der Verkäuferin.

Lips. 8 Z. 2, 3[1]: *ἀπογρά(φομαι) . . μετ' εὐδοκήσεως Αὐρηλίας Κολλαύχ[ιος]*, der Eigentümerin, die dem Deklaranten

[1] Archiv III S. 559.

an ihren Grundstücken die einzutragende Hypothek bestellt hat.

Lond. III Nr. 942 (S. 119): [ἀπογρά(φομαι)] .. συ[νε]υδοκο[ῦντ]ως (sic) μ[οι Ἰ]σιδώρου .... ὃ ἠγόρασα παρ' αὐτοῦ κτλ.

Lond. III Nr. 945 (S. 120/1): ἀπογρά[φ]ομ[α]ι .... [με]τ' εὐδοκήσεω[ς τ]οῦ ἀ[δ]ελ[φο]ῦ μ[ου Α]ὐρηλίου Θεογνώστου.... [ἃ] αἰώνημε (sic) παρ' αὐτοῦ κτλ.

Alle diese ἀπογραφαί sind von den Veräußerern mit unterschrieben;[1] so heißt es z. B. in Lips. 3 Col. II Z. 20

Αὐρηλία Ἀρτεμιδώρα Πολυδεύκους ε[ὐδο]κῶ.

Auffallend ist, daß sich diese εὐδόκησις, die „Eintragungsbewilligung", des Veräußerers nur in hermupolitanischen ἀπογραφαί[2] findet. Hieraus zu schließen, daß sie in anderen Gauen überhaupt nicht vorkäme, wäre voreilig. Bei dem Gaupartikularismus,[3] der uns allenthalben entgegentritt, ist es m. E. durchaus möglich, daß, während es in Hermupolis die Regel[4] war, εὐδόκησις mit ἀπογραφή zu verbinden, in anderen νομοί diese „Eintragungsbewilligung" von der ἀπογραφή losgelöst, in einer besonderen Urkunde erklärt wurde.

Außerdem konnte sie wohl schon in der über das zugrunde liegende Rechtsgeschäft errichteten Urkunde erteilt werden. So sind vielleicht zu erklären die Worte in Oxy. III 506 Z. 49, 50, die wir oben S. 57 angeführt haben. Wozu diese besondere Klausel, wenn der Pfandgläubiger schon ohnedies in der Lage war, seine κατοχή eintragen zu lassen? Auch Lond. III Nr. 1179d Z. 110 (S. 147) ist wohl in diesem Zusammenhange anzuführen. Von Z. 103 ab haben wir wahrscheinlich einen Kaufvertrag vor uns, in dem Νεμεσίων der Verkäufer, Ἀπολλώνια die Käuferin ist. M. E. muß nun in Z. 110 ungefähr folgendermaßen ergänzt werden:

ὁπόταν] ἡ Ἀπολλώ[ν]ια αἱρῆ[τ]αι, ἀπο[γ]ράψεται διὰ [τοῦ βιβλιοφυλακείου.

Ist dies richtig, so wird hier der Käuferin die Befugnis[5]

---

[1] Lips. 3 Col. II Z. 20; Lips. 8 Z. 16; Lond. III Nr. 942 Z. 16, 17; Nr. 945 Z. 25, 26.

[2] Die zitierten ἀπογραφαί sind sämtlich aus Hermupolis.

[3] cf. KOSCHAKER, Sav. Z. 28 S. 304.

[4] Eine Ausnahme ist Lond. III 941 (S. 119). Hier fehlt die εὐδόκησις.

[5] Daß in den angeführten Worten nicht etwa eine Verpflichtung der

zum ἀπογράφεσθαι erteilt; der Verkäufer erklärt hiermit also schon im voraus seine Zustimmung zur ἀπογραφή bzw. παράθεσις der Käuferin.

Wenn Rabels [1] Ansicht zutreffend ist, daß das in den Arrhabonurkunden [2] vom Verkäufer versprochene καταγράφειν die „Herbeiführung der Eintragung" des Käufers bedeutet, [3,4] so können auch diese Urkunden als Beweis dafür dienen, daß hierzu eine Mitwirkung des Verkäufers erforderlich war.

Endlich müssen hier noch einige Stellen herangezogen werden, die sich zwar nicht auf die παράθεσις, sondern auf die μετεπιγραφή, also die Umschreibung im Katökenkataster beziehen, aus denen wir aber einen Analogieschluß auf die παράθεσις werden ziehen dürfen, so zunächst

Oxy. II 273. Julia Herakla überträgt ihrer Tochter Gaia fünf Aruren Katökenland zu Eigentum κατὰ χάριν ἀναφαίρετον,

Z. 19 ἀρούρας πέντε, ἃς καὶ ἐξέσ[ται
τῇ Γαίᾳ τῇ καὶ Σαραπιάδι ἀπὸ τῆσδε[τῆς ὁμο-
λογίας δι' ἑαυτῆς μετεπιγράφεσθαι [διὰ τῶν
[κ]αταλοχισμῶν, μὴ προσδεηθε[ίσῃ τῆς
τῆς μητρὸς Ἰουλίας Ἡρακλᾶς συ[νεπιγρα-
φῆς. [5]

Käuferin zur Einreichung der ἀπογραφή zum Ausdruck gebracht werden soll, darf wohl aus dem ὁπόταν] αἱρῆται geschlossen werden.

[1] Sav. Z. 28 S. 360, 361 Anm. 5.

[2] BGU. I 240; II 446; Lond. II Nr. 334 (S. 211).

[3] Diese Bedeutung hat καταγράφειν m. E. in BGU. I 50 Z. 8, vielleicht auch in Fior. 56, 11 (55, 24).

[4] Es ist bemerkenswert, daß καταγράφειν in Immobiliarkaufverträgen erst seit dem 4. Jahrhundert vorkommt, cf. folgende Urkunden (chronologisch geordnet): Lond. III Nr. 977 (S. 231, 232)?; Goodsp. 13; BGU. II 456; Fior. 66; Studien zur Paläographie und Papyruskunde Heft 1 (1901) S. 7: Kaufvertrag aus Antinoe v. J. 454; Grenf. I 60; Lond. III Nr. 991 (S. 258); Par. 21. In allen diesen Kontrakten heißt es: ὁμολογῶ πεπρακέναι καὶ καταγεγραφηκέναι. Über καταγραφή = Kaufurkunde cf. Mitteis, Reichsrecht und Volksrecht, S. 508. In dieser Bedeutung wird καταγραφή wohl in Oxy. I 100 Z. 11; Oxy. II 306; Fay. 100 Z. 14; Lond. II 251 (S. 317) Z. 24 und CPR. 19 Z. 11 verwendet.

[5] Die μετεπιγραφή würde also, wie wir auch a priori erwarten müßten, nach dem notariellen Abschluß des den Eigentumswechsel herbeiführenden Vertrags erfolgen. Aus der in mehreren Kaufverträgen über Katökenland (BGU. III 883 Z. 5, 6; 906 Z. 17,18; IV 1048 Z. 8, 9; CPR.

Ferner kommen in Betracht Oxy. II 373 und Str. 52, zwei Hypothekarurkunden, die beide eine lex commissoria enthalten:

Oxy. II 373[1] Z. 20ff.: καὶ ἐξεῖναι τ[ῇ] Σελήνῃ (der Gläubigerin) ἀπὸ τῆσδε τῆς συν[γραφῆς μετεπιγράφεσθαι] διὰ τῶν κατ[αλ]οχισμῶν τὰς δέκα ἀρούρας, μ[ὴ] προσδεηθείσῃ 10 Buchstaben[2]] μενης παρουσίας μηδὲ συνεπιγραφῆς.

Str. 52 Z. 7: ἐξέστω τῇ] δεδανικυίῃ ἢ τοῖς πα[ρ]' αὐτῆς, μὴ προσδεομένοις ἀνανε[ώ]σεως ἢ διαστολικοῦ ἢ ἑτέρου τινὸς [ἁ]πλῶς, μετεπιγραφῆναι διὰ τῶν καταλοχισμῶν τ[ὰ]ς ὑπ[οτ]εθειμ[έ]νας ἀρούρας.

Wenn nun in Oxy. II 273 und 373 vereinbart wird, die Erwerberin dürfe die μετεπιγραφή vollziehen lassen ohne die συνεπιγραφή bzw. παρουσία der bisherigen Eigentümerin, so können wir doch wohl hieraus schließen, daß in der Regel zur Umschreibung im Katökenkataster diese συνεπιγραφή bzw. παρουσία des Veräußerers erforderlich war. Was ist hierunter zu verstehen? Wir können diese Frage nur mit einer Vermutung beantworten: vielleicht war Voraussetzung der μετεπιγραφή ein Antrag[3] des Erwerbers, analog den regulären ἀπογραφαί, dem der Veräußerer,

188 Z. 9; ähnlich CPR. 1 Z. 11) begegnenden Klausel: ἐπιτετελεκέναι τὸν δεῖνα (der Verkäufer) τὰς εἰς τὸν δεῖνα (den Käufer) διὰ τοῦ κατοικικοῦ λογιστηρίου τῆς μετεπιγραφῆς καὶ παραχωρήσεως οἰκονομίας folgt nicht, daß in diesen Fällen die μετεπιγραφή der Kontraktserrichtung vorangegangen ist. Herr Professor L. Mitteis macht mich darauf aufmerksam, daß das Perfektum ἐπιτετελεκέναι proleptisch zu verstehen ist, und verweist hierzu auf Oxy. I 45—47; CPR. 1 Z. 38: in den Mitteilungen des Katökenkatasteramts an den Agoranomen (cf. oben S. 34) werde mit den Worten παρακεχωρημένου παρὰ τοῦ δεῖνος κτλ. gesagt sein, daß das Katasteramt auf Grund der vor dem Notariat errichteten παραχώρησις-Urkunde (cf. BGU. II 622 Z. 4, 5: παρακεχώρησαι διὰ τοῦ ἐν[θ]άδε γρα(φείου)) die μετεπιγραφή in den καταλοχισμοί vollzogen hat; daß der Kontrakt bereits abgeschlossen ist, werde zudem in Oxy. I 45 Z. 7 ausdrücklich hervorgehoben. CPR. 1 Z. 38 lasse vermuten, daß in diesen Fällen die μετεπιγραφή durch den Agoranomen veranlaßt worden ist, der vielleicht von den Kontrahenten beauftragt war, die μετεπιγραφή und dann wohl auch die παράθεσις zu beantragen. cf. unten Anm. 3.

[1] Oxy. II S. 259.

[2] Kann vielleicht ergänzt werden: μ[ὴ δεηθείσῃ τῆς τῆς δεδανεισ]μένης κτλ.?

[3] Wie die παράθεσις (cf. oben S. 52), so konnte wohl auch die μετεπιγραφή durch das Notariat herbeigeführt werden. So erklärt Herr Professor L. Mitteis CPR. 1 Z. 38: [ὁ δεῖνα τὴν] ἀγοραν(ομίαν) διαδεξ(άμενος) μετέγρα(ψα).

wie bei den hermupolitanischen Deklarationen, seine *εὐδόκησις* beifügen konnte (*συνεπιγραφή*); mit der *παρουσία* wird vielleicht auf eine mündliche, vor der Katasterbehörde erklärte Umschreibungsbewilligung des Veräußerers hingewiesen.

Wie dem aber auch sein mag, unsere Urkunden beweisen m. E., daß zur Herbeiführung der *μετεπιγραφή* eine in der *συνεπιγραφή* bzw. *παρουσία* bestehende Mitwirkung des Veräußerers erforderlich war, die ersetzt werden konnte durch seine im voraus erklärte Zustimmung zur Eintragung des Erwerbers. Als eine solche im voraus erteilte „Eintragungsbewilligung" wird vielleicht auch die oben angeführte Klausel Str. 52 Z. 7 aufzufassen sein.[1]

Ist nun zum Vollzug der *μετεπιγραφή* eine Mitwirkung des Veräußerers notwendig, so wird dies auch bei der *παράθεσις* der Fall gewesen sein.

II. In den Fällen rechtsgeschäftlichen Erwerbs erhalten die *βιβλιοφύλακες* von den den Rechtsänderungen zugrunde liegenden Geschäften nicht nur dadurch Kenntnis, daß der Erwerber mit der *ἀπογραφή* eine Kopie der Vertragsurkunde einreicht, sondern, wie wir schon sahen,[2] noch auf einem zweiten Wege: durch die *ἀναγραφαί* der Notariate und Banken. Preisigke[3] sagt hierüber: „An der Hand der Berichte (der *ἀναγραφαί*) kann die *βιβλιοθήκη* prüfen, ob alle *ἀπογραφαί* richtig eingegangen sind. Diese Feststellung ist nötig, um die Hebung der fälligen Steuern zu sichern, namentlich der bei jedem Eigentumswechsel fälligen Wertumsatzsteuer (*τέλος ἐγκυκλίου*)." Preisigke nimmt also an — und hierin möchte ich ihm beistimmen —, daß das *ἐγκύκλιον*, die Wertumsatzsteuer, auch erst nach[4] der Kontraktserrichtung gezahlt werden konnte; seine eben zitierten Ausführungen wären jedoch wohl nur dann zutreffend, wenn aus der *ἀπογραφή* ein

---

[1] Man könnte die Bedeutung dieser Klausel allerdings auch lediglich in dem vertragsmäßigen Ausschluß der *ἀνανέωσις* erblicken.

[2] Oben S. 13.

[3] Pap. Str. I S. 124.

[4] Anders Naber, Archiv I S. 316. cf. hiergegen: Mitteis, Archiv I S. 194 Anm. 1. Man beachte Lond. III Nr. 1217b (S. 61). Wenn Wilckens Ergänzungen dieser Urkunde — Archiv IV S. 534 — zutreffend sind, so wird hier das *ἐγκύκλιον* gezahlt, nachdem der Kaufvertrag in *συγχώρησις*-Form abgeschlossen worden ist. cf. weiter Teb. II 280 (ptolemäisch).

Rückschluß auf die ἐγκύκλιον-Zahlung möglich gewesen wäre.[1] Da nun in den Deklarationen vom ἐγκύκλιον überhaupt nicht die Rede ist, würde dies voraussetzen, daß die ἀπογραφαί erst nach Entrichtung der Verkehrssteuer eingereicht werden konnten, wofür sich aber, soweit ich sehe, in den Quellen kein Anhaltspunkt findet.

Die Feststellung, ob das ἐγκύκλιον gezahlt worden ist, mußte für die βιβλιοφύλακες von Wichtigkeit sein; m. E. müßten wir auch wenn sich kein positives Zeugnis dafür anführen ließe, annehmen, daß die Eintragung des Erwerbers erst nach Entrichtung der Wertumsatzsteuer vorgenommen werden konnte,[2] diese also eine Voraussetzung der παράθεσις war. Ein Indiz hierfür sind möglicherweise die Worte in Oxy. II 274 Z. 7: ὧν καὶ τὸ τέλος ἔταξαν, wo unter τέλος m. E. das für die in Z. 6 genannte διαίρεσις[3] gezahlte ἐγκύκλιον zu verstehen ist.[4]

Wie erhielten nun die βιβλιοφύλακες von der Zahlung des ἐγκύκλιον Kenntnis? Aus den ἀπογραφαί konnten sie diese, wie schon gesagt, nicht ersehen, ebensowenig aber in der Regel[5] aus der mit der Deklaration eingereichten Kontraktskopie; weiter ist uns aber auch nirgends bezeugt, daß mit den ἀπογραφαί Steuerquittungen eingereicht worden wären. Konnten nun etwa die ἀναγραφαί hierüber Auskunft geben?

Über die Bedeutung des ἀναγράφειν hat sich, soviel ich sehe, zuletzt Koschaker[6] ausgesprochen; seinen Ausführungen möchte ich nur hinzufügen, daß wir m. E. auf Grund unseres Materials heute soviel mit einiger Sicherheit behaupten dürfen, daß das ἀναγράφειν nicht lediglich die „Finalisierung" des Beurkundungsvorgangs gewesen sein kann. Dies geht hervor aus Lips. 31, einer ἀναγραφή, in der sich in Z. 13 und 22 auch χιρόγραφα[7] registriert finden. Nehmen wir nun an, daß das

---

[1] Dann hätten die βιβλιοφύλακες aus den ἀπογραφαί ersehen können, in welchen Fällen das ἐγκύκλιον gezahlt war.

[2] So auch Weiss, Archiv IV S. 345 Anm. 1.

[3] Darüber, daß auch für die διαιρέσεις das ἐγκύκλιον erhoben wurde, cf. Wilcken, Ostraka I S. 183.

[4] Anders die Editoren: Oxy. II S. 262 Anm. zu Nr. 274 Z. 7.

[5] Meines Wissens wird in den Kontrakten der Kaiserzeit die Zahlung des ἐγκύκλιον nur ausnahmsweise erwähnt, z. B. Lips. 4 Z. 30. cf. Wilcken, Archiv IV S. 459.

[6] Sav. Z. 28 S. 288 ff.

[7] Hier haben wir also wohl ein Beispiel für die Registrierung eines

ἀναγράφειν der Homologien und agoranomischen Protokolle dieselbe Bedeutung hat, wie diese Registrierung der Chirographa, so wären Oxy. II 242; 243; 339[1] nicht als Aufträge zur Urkundserrichtung[2] — deren Abschluß nach KOSCHAKER die Registrierung wäre —, sondern als Aufträge zur Registrierung bereits errichteter Urkunden aufzufassen.[3] Da nun das *ἀναγράφειν*, wie die zitierten Papyri beweisen, erst nach Zahlung des *ἐγκύκλιον* erfolgt, so waren die *βιβλιοφύλακες* in der Lage, aus den *ἀναγραφαί* festzustellen, ob in einem konkreten Falle das *ἐγκύκλιον* entrichtet war.

Wenn nun auch ohne Zahlung des *ἐγκύκλιον* die *παράθεσις* nicht vorgenommen werden konnte, so wäre es m. E. doch verfehlt, deshalb diese Abgabe als Eintragungsgebühr charakterisieren zu wollen,[4] denn einerseits wurde sie wohl erhoben, gleichgültig ob die *παράθεσις* erfolgte oder nicht, andererseits aber auch in Fällen, in denen eine Eintragung im *διάστρωμα* gar nicht in Frage kommen konnte, wie z. B. bei Sklavenkäufen.[5] Daß für die *παράθεσις* noch eine besondere Gebühr zu zahlen war, möchte ich auf Grund von Oxy. II 318[6] und Teb. II 568 annehmen. Wenn es in der ersteren Urkunde heißt: *τῶν τῆς μεταποιῆς [κ]αὶ ἀπογραφ[ῆς] δαπανημάτων [ὄν]των π[ρὸ]ς τὸν δεδ[α]νει[κ]ότα Ἀντιφάν(ην)* (den Verkäufer cf. RABEL l. c.), ferner in Teb. II 568: *λαβὲ τὸν χαλκὸν διὰ τὴν ἀπογρα[φ]ήν. εὖ μὲν οἶδες ὅτι ἀπογράφομαι*, so wird hierdurch m. E. wahrscheinlich, daß für die Entgegennahme der *ἀπογραφή*, bzw. für die auf Grund der

---

χιρόγραφον in einem Lokalarchiv — cf. KOSCHAKER, l. c. S. 284. Ist diese Registrierung identisch mit der *συνήθης δημοσίωσις* in Grenf. II 71 Col. II Z. 26? cf. WENGER, Stellvertretung S. 107 Anm. 3.

[1] Ob in den übrigen von KOSCHAKER, l. c. S. 289 Anm. 2, angeführten Urkunden von *ἀναγράφειν* oder *καταγράφειν* die Rede ist, wissen wir nicht. Ist beides identisch oder wird vielleicht *καταγράφειν* hier nur mit Bezug auf Sklavenkaufverträge gebraucht? cf. Oxy. II 327. Pap. Cattaoui Recto VI Z. 5 (Archiv III S. 61).

[2] KOSCHAKER, l. c. S. 292 Anm. 1.

[3] Im Falle des Pap. Oxy. II 241 ist vor Errichtung der *δανίου συγγραφή* der Darlehensvertrag in *χιρόγραφον*-Form abgeschlossen worden. *χιρόγραφον* und *διαγραφή* nebeneinander begegnen außer in dieser Urkunde (Z. 31, 32) z. B. noch in Oxy. II 269 (Z. 22); CPR. 1 Z. 13.

[4] cf. WEISS, Archiv IV S. 345 Anm. 1; 352 Anm. 1.

[5] WILCKEN, Ostraka I S. 182.

[6] RABEL, Sav. Z. 28 S. 320.

ἀπογραφή erfolgende παράθεσις eine Gebühr entrichtet werden mußte.[1]

Unterstützend kommt hinzu, daß für die μετεπιγραφή, die Umschreibung im Katökenkataster, das τέλος καταλοχισμῶν erhoben wurde.[2,3]

§ 10.
Eintragungen auf Ersuchen einer Behörde.

Wir haben in § 7 nachzuweisen versucht, daß die παράθεσις grundsätzlich eine ἀπογραφή zur Voraussetzung hat. Zweifellos kommen nun in den Quellen Fälle vor, in denen eine Eintragung ohne ἀπογραφή und zwar auf Ersuchen einer Behörde erfolgt. Diese sollen im folgenden zusammengestellt werden.

I. Oxy. IV 712, ein Schreiben der ἐπιτηρηταί ξενικῶν πρακτορείας an die βιβλιοφύλακες ἐγκτήσεων. Einem glücklichen Zufall ist es zu danken, daß bei dem schlechten Zustand des Papyrus uns gerade die entscheidenden Worte erhalten sind: κατάσχετε οὖν πρὸς ἐνεχυρασίαν. Wir sehen also, daß die βιβλιοφύλακες um die Beschlagnahme[4] von Grundstücken (cf. Z. 5) ersucht werden. Wollen wir nun die Bedeutung dieser Beschlagnahme bestimmen, so ist die Beantwortung folgender Frage unerläßlich: Handelt es sich hier um die Geltendmachung einer Hypothek oder um Zwangsvollstreckung in Immobilien auf Grund eines vollstreckbaren Titels?[5]

Da sich aus unserer Urkunde die Antwort auf diese Frage nicht unmittelbar entnehmen läßt, müssen wir verwandte Urkunden zum Vergleiche heranziehen.

---

[1] Ist vielleicht in Lips. 3 Col. II Z. 25 von der Zahlung dieser Gebühr die Rede?

[2] BGU. I 340 Z. 18. cf. P. M. Meyer, Heerwesen S. 106, 107; Grenfell-Hunt, Pap. Teb. II S. 194 Anm. zu Nr. 357 Z. 3.

[3] Bei einem διὰ τῆς βιβλιοθήκης abgeschlossenen Immobiliarvertrag, auf Grund dessen eine παράθεσις erfolgte, kommen also vier Abgaben in Frage: a) die Gebühr für das ἐπίσταλμα BGU. III 825 Z. 10, oben § 5 S. 31 Anm. 7 u. 8. b) Die an das Notariat bzw. die Bank zu zahlende Gebühr für die Kontraktserrichtung. (cf. Lips. 4 Z. 30. Lond. III 932 (S. 148) Z. 4). c) Das ἐγκύκλιον. d) Die Gebühr für die ἀπογραφή bzw. παράθεσις.

[4] Mitteis, Römisches Privatrecht I S. 374 Anm. 69.

[5] Also eines Urteils oder einer καθάπερ ἐκ δίκης-Urkunde.

Der *ξενικῶν πράκτωρ* als Vollstreckungsorgan begegnet außer in unserer Urkunde in BGU. III 970; BGU. IV 1038; Oxy. II 286 und Lips. 120. Können wir aus diesen Urkunden die Kompetenz dieser Behörde bestimmen?

Zunächst BGU. III 970.[1] Welcher Tatbestand der in Z. 26 erwähnten *ἐνεχυρασία* zugrunde liegt, läßt sich m. E. mit Gewißheit nicht feststellen, da die entscheidenden Worte in Z. 16, 17: *λαβεῖν με τὸ ὑπαρχον αὐτῷ ... δίμοιρον μέρος πατρικῆς οἰκίας κτλ.* zu unbestimmt sind, als daß wir aus ihnen Schlüsse ziehen könnten.[2] Zweierlei ist möglich: entweder hat *Διμναῖος* seiner Frau für deren Forderung auf Rückzahlung der dos eine Hypothek an diesem *μέρος οἰκίας* bestellt — in dem *χιρόγραφον* fand sich dann möglicherweise eine Klausel analog der in Oxy. III 485 Z. 20f., d. h. eine lex commissoria — oder aber die *Ταπεθεύς* hat nur ein obligatorisches Recht auf den genannten Hausanteil, um dessen Realisierung im Wege der Realexekution es sich dann handeln würde.

Weiter führt uns vielleicht BGU. IV 1038.[3] Daß es sich hier um Vollstreckung in bestellte Hypotheken handelt, geht aus Z. 3 und 24 der Urkunde unwiderleglich hervor. Es ist nun höchst auffallend, daß im Gegensatz zu Fior. 55; 56;[4] BGU. III 832 in BGU. IV 1038 nicht nur der Stratege, sondern ihm koordiniert[5] auch der *ξενικῶν πράκτωρ* als Vollstreckungsorgan auftritt.[6] Es liegt nahe, dies mit einer Besonderheit von BGU. IV 1038 in Zusammenhang zu bringen. Es ist nämlich zu beachten, daß möglicherweise hier neben der Vollstreckung in die Konventionalhypothek die Zwangsvollstreckung in nicht mitverpfändetes Vermögen betrieben wird. Der defekte Zustand des Papyrus erlaubt zwar keine ganz sichere Entscheidung dieses Punktes, doch deuten vielleicht die Worte in Z. 25 *τῶν ὑπαρχόντων κα[ὶ ἑ]τέρων*

---

[1] In Z. 26, 27 ist vielleicht zu ergänzen: *διὰ τοῦ ξενικῶν πράκτ[ορος ἀκολο]ύ[θως] ᾗ παρεκόμισα ἐνεχυ[ρασ|ίᾳ κτλ.*

[2] Daß die Petentin die *πρωτοπραξία* für sich in Anspruch nimmt, beweist m. E. gar nichts. Anders Weiss, Archiv IV S. 351, 352.

[3] Gradenwitz, Berl. philol. Wochenschrift 1906 Sp. 1353f.

[4] Mitteis, Sav. Z. 27 S. 345ff. Pappulias, l. c. S. 135f.

[5] Z. 23.

[6] Was Fior. 55; 56; BGU. III 832 anlangt, so läßt sich nicht feststellen, daß in diesen Fällen der *ξενικῶν πράκτωρ* etwa in einem früheren Stadium des Verfahrens als Vollstreckungsorgan fungiert hätte.

in Verbindung mit dem ἤτοι in Z. 24 auf eine solche Zwangsvollstreckung hin.[1] Würde dies zutreffen, so könnte man vielleicht hierin den Grund für die Zuständigkeit des ξενικῶν πράκτωρ erblicken.

Der Tatbestand von Oxy. II 286[2] ist folgender: Heron und Zenarion haben den Klägern eine ὁμολογία ausgestellt, in der sie versprachen, diese gegenüber Philumene, der Gläubigerin der Kläger, ἀπερενοχλήτους καὶ ἀνεισπράκτους παρέξεσθαι.[3] Um die Geltendmachung des Anspruchs aus dieser Homologie handelt es sich in unserer Urkunde. Von einer Hypothek ist keine Rede, vielmehr wird den Schuldnern Personalexekution und Vollstreckung in das Vermögen, insbesondere Grundstücke angedroht. Zuständig ist der ξενικῶν πράκτωρ, um dessen Beauftragung der ἀρχιδικαστής[4] ersucht wird.

Endlich kommt hier Lips. 120 in Betracht, eine Eingabe an den ξενικῶν πράκτωρ. Im Gegensatz zu Oxy. II 286, wo durch den ξενικῶν πράκτωρ die Zustellung des ὑπόμνημα erfolgen soll, hat hier diese μετάδοσις bereits stattgefunden. Nachdem nun der Schuldner weder gezahlt noch die ἀντίρρησις[5] erhoben hat, schreitet der Gläubiger zur Pfändung. Von einer Konventionalhypothek ist keine Rede.

Wir haben also, wenn wir BGU. III 970 beiseite lassen, folgende Daten:

1. Fior. 55; 56; BGU. III 832: Vollstreckung in Hypotheken. Der ξενικῶν πράκτωρ ist nicht zuständig.
2. Lips. 120; Oxy. II 286: Zwangsvollstreckung; Zuständigkeit des ξενικῶν πράκτωρ.

---

[1] Die Darlehens-διαγραφαί enthielten dann wohl eine Klausel wie Fior. 1 Z. 11; Fior. 28 Z. 18; Lips. 10 Z. 39, 40; Str. 52 Z. 12, in der die πρᾶξις aus dem gesamten Schuldnervermögen ausbedungen wird.

[2] cf. Koschaker, Sav. Z. 28 S. 294 Anm. 1. M. E. ist es nicht notwendig, den Tatbestand einer intercessio tacita anzunehmen. Daß die Darlehensvaluta dem Heron und der Zenarion zugewendet worden ist, geht aus dem Papyrus nicht hervor. Es kann ebensogut ein Fall der Erfüllungsübernahme im Sinn von § 329 BGB. vorliegen.

[3] Also eine Urkunde analog Oxy. II 270; BGU. IV 1057 Col. II; Teb. II 392.

[4] Daß Oxy. II 286 an den ἀρχιδικαστής gerichtet ist, ergibt ein Vergleich dieser Urkunde mit Oxy. III 485; Fior. 68; 86; BGU. III 888. cf. auch Oxy. IV 801; Teb. II 435.

[5] Zur ἀντίρρησις cf. Oxy. I 68; BGU. III 970 Z. 25. Wenger, Göttingische gelehrte Anzeigen 1907, S. 310.

3. BGU. IV 1038: bezieht sich, soweit der *ξενικῶν πράκτωρ* in Frage kommt, vielleicht auf Zwangsvollstreckung.

Vielleicht ist es nicht allzu gewagt, wenn wir unter allem Vorbehalt hierauf die Vermutung gründen: Der *ξενικῶν πράκτωρ* ist zuständig bei Zwangsvollstreckung,[1] nicht aber bei Vollstreckung in Hypotheken.

Wäre dies zutreffend, so hätten wir es also auch in Oxy. IV 712 mit Zwangsvollstreckung zu tun. Wir kämen dann zu dem Ergebnis, daß bei Zwangsvollstreckung in Immobilien eine Beschlagnahme stattfindet, die wohl — dies müssen wir daraus schließen, daß die *βιβλιοφύλακες* hierfür zuständig sind — im *διάστρωμα* eingetragen wird. Welche Wirkung hiermit verbunden ist, können wir nur vermuten; wir werden aber kaum fehl gehen mit der Annahme, daß hierdurch Verfügungen des Schuldners über das beschlagnahmte Grundstück verhindert werden.

II. Die zweite hier in Betracht kommende, bereits oben erwähnte Urkunde BGU. III 832 bezieht sich, wie aus Z. 12 u. 22 hervorgeht und wie auch ein Vergleich mit Fior. 55; 56 ergibt, auf die Vollstreckung in eine Konventionalhypothek. Hier wird nun m. E. in Z. 10[2] ein Schreiben des Strategen an die *βιβλιοφύλακες* angeführt, dessen Inhalt wir allerdings bei dem defekten Zustand des Papyrus nicht erfahren. Vielleicht kann uns aber BGU. I 73 hier weiterführen. In dieser Urkunde schreibt der Archidikastes an den Strategen des Faijûm:

Z. 8: *Βι[βλί]διον Ἰουλίου Ἀγριππιανοῦ ση-
μειωσάμενος ἔπεμψά σοι· ἐὰν
οὖν τὰ δι' αὐτοῦ δεδηλωμένα
ἀληθῆ ῇ, καὶ μηδὲν ἐμποδίζῃ,
εὖ ποιήσεις ἐπιστείλας τοῖς τῶν
[ἐ]νκ[τ]ή[σε]ων τοῦ ὑπό σου νομοῦ
[β]ιβλιοφύλαξιν ἐπιλαβοῦσι τὸν
χρ[η]ματισμ[ὸ]ν ἐπε[σ]κε[μ]μένον
π[οιήσασιθ]αι τὰ τῆς παραθέσεως ὡς
κ[α]θήκει·*

---

[1] Zur Unterstützung dieser Vermutung sei noch darauf hingewiesen, daß es sich auch in den ptolemäischen Papyri, in denen der *ξενικῶν πράκτωρ* begegnet: Rein. 7; Teb. I 5 Z. 221, 222; Tor. 13; wahrscheinlich auch in Magd. 41 (cf. Taubenschlag, Archiv IV S. 12) um Zwangsvollstreckung handelt.

[2] Es ist hier m. E. zu lesen: *Ἀπίων στρ[ατη]γὸς Ἀρσινοείτου Ἡρακλείδου [μ]ερίδος [β]ιβλιοφ[ύλαξιν ἐγκτήσεων χαίρειν].*

Wir sehen also: der *ἀρχιδικαστής* hat die an ihn gerichtete Eingabe des Agrippianus,[1] nachdem er sie signiert hat, dem Strategen zugeschickt und weist diesen jetzt an, eventuell die *βιβλιοφύλακες ἐγκτήσεων* zu beauftragen: *ποιήσασθαι τὰ τῆς παραθέσεως*, d. h. eine in der obigen Urkunde nicht näher bezeichnete *παράθεσις* vorzunehmen.

Da wir nun wissen, daß bei dem Verfahren zwecks Realisierung hypothekarischer Ansprüche der *ἀρχιδικαστής* und Stratege zuständig sind[2] und zwar sowohl bei der Einleitung wie auch in späteren Stadien[3] des Verfahrens, so ist es sehr gut möglich, daß auch BGU. I 73 mit der Vollstreckung in eine Hypothek in Zusammenhang steht. Gehen wir von dieser Annahme aus, so kämen wir zu dem Ergebnis, daß bei diesem Vollstreckungsverfahren irgendwelche *παράθεσις* stattfinden konnte, die die *βιβλιοφύλακες* auf Ersuchen des Strategen vorzunehmen hatten. Dies würde nun m. E. vortrefflich zu BGU. III 832 Z. 10 passen. Das Verhältnis beider Urkunden könnte dann wohl am besten so gedacht werden, daß BGU. III 832 Z. 10 eine Urkunde wie BGU. I 73 voraussetzt, daß also — wenn wir einmal unterstellen, beide Urkunden bezögen sich auf denselben Fall — der Stratege in BGU. III 832 die ihm vom *ἀρχιδικαστής* in BGU. I 73 erteilte Weisung befolgt. Wäre diese Kombination zutreffend, so würden demnach die *βιβλιοφύλακες* in BGU. III 832 Z. 10 um

---

[1] Wohl derselbe, der auch im Drusillaprozeß (P. Cattaoui Verso; Lond. II Nr. 196 (S. 152f.); BGU. IV 1019) begegnet.

[2] Das Verfahren beginnt damit, daß der Gläubiger an den *ἀρχιδικαστής* eine Eingabe einreicht, die ein an den Schuldner gerichtetes Zahlungsmonitorium enthält, wobei für den Fall der Nichtzahlung die Geltendmachung der Hypothek angedroht wird. Der *ἀρχιδικαστής* wird darin ersucht, ein *ἀντίγραφον* der Eingabe dem Schuldner durch den Strategen zustellen zu lassen. Beispiele sind Oxy. III 485; BGU. III 888. Die Zustellungsverfügung folgt dem Schema: *ὁ ἀρχιδικαστὴς τῷ στρατηγῷ χαίρειν. Τοῦ δεδομένου ὑπομνήματος ἀντίγραφον μεταδοθήτω ὡς ὑπόκειται. ἔρρωσο.* Datum. *ὁ δεῖνα* (Beamter des Bureau des *ἀρχιδικαστής*) *σεσημείωμαι.* Diese Zustellungsverfügung geht samt der Eingabe bzw. einer Kopie derselben an den Petenten, dessen Sache es dann ist, beides dem Strategen vorzulegen. cf. Preisigke, Pap. Str. I S. 23. Derselbe Geschäftsgang muß auch im Falle BGU. I 73 beobachtet worden sein, wie Z. 8, 9 dieser Urkunde beweist (*σημειωσάμενος ἔπεμψά σοι!*). Aus BGU. I 73 ersehen wir nun, daß der *ἀρχιδικαστής* seine Entscheidung dem Strategen außerdem noch direkt mitteilt.

[3] Flor. 55; 56.

die Vornahme einer παράθεσις ersucht; welcher Art diese παράθεσις war, darüber läßt sich nicht einmal eine Vermutung aufstellen.[1]

III. Um eine Eintragung zu Sicherungszwecken handelt es sich in Lond. III Nr. 1157 Verso Col. III (S. 111). Der Gläubiger einer chirographarischen[2] Darlehensforderung ersucht hier einen in der Urkunde[3] nicht genannten Beamten, vielleicht den Rationalis,[4] die βιβλιοφύλακες ἐγκτήσεων zu beauftragen, die παράθεσις des ihm zustehenden Forderungsrechts vorzunehmen. Diese Eintragung hat nun den Zweck — dies folgt aus der Erwähnung (cf. Z. 2ff.) eines die Fraudation betreffenden Reskripts der Kaiser Severus und Caracalla und aus den Worten: ἐπ(ε)ὶ ὑφορῶμαι νῦν μὴ ἐξαλ⟨λ⟩οτριῶσοι κτλ. — eine alienatio in fraudem creditoris zu verhindern. Des Näheren ist der der Urkunde zugrunde liegende Tatbestand uns leider nicht bekannt;[5] doch müssen m. E. in diesem Falle besondere Umstände vorgelegen haben, auf Grund deren die παράθεσις des Forderungsrechts verlangt werden konnte, denn daß jeder chirographarische Gläubiger ohne weiteres berechtigt gewesen wäre, sein Forderungsrecht auf dem Folium seines Schuldners eintragen zu lassen, ist wohl kaum denkbar.[6] Wäre dies der Fall gewesen, so hätte sich wohl auch der Gläubiger direkt an die βιβλιοφύλακες gewendet und die παράθεσις bei ihnen beantragt. Was die Wirkung unserer Eintragung anlangt, so sei auf die Ausführungen Mitteis'[7] verwiesen.

IV. Mitteis hat in seinem „Römischen Privatrecht"[8] die in den Papyri oft erwähnte πρωτοπραξία des Fiskus bestimmt als „die durch Beschlagnahme begründete und durch ein Pfandrecht

---

[1] Könnte BGU. I 73 vielleicht mit der in Flor. 56 Z. 16 genannten συγχώρησις in Zusammenhang gebracht und diese als die Gestattung des καταγράφειν (cf oben S. 62 Anm. 3) seitens des ἀρχιδικαστής aufgefaßt werden?

[2] Von einer Hypothek ist in der Urkunde keine Rede.

[3] Mitteis, Sav. Z. 28 S. 381 faßt sie deshalb als Blankettformular, Wilcken, Archiv IV S. 540 als verkürzte Kopie auf.

[4] Wilcken, l. c.

[5] Wir erfahren nur, daß der Darlehensvertrag in Form eines χιρόγραφον abgeschlossen war. Die Worte: πρίμ (sic) μη (sic) κατελθεῖν εἰς Ἀλεξάνδρ[ειαν] deuten wohl auf die δημοσίωσις hin. cf. Grenf. II 71.

[6] Handelt es sich vielleicht auch in Oxy. II 237 Col. V Z. 21 παρακειμένων αὐτῷ δανείων um die Eintragung chirographarischer Forderungsrechte?

[7] Sav. Z. 28 S. 381, 382. [8] S. 374.

gesicherte besondere Stellung des Fiskus gegenüber dem Vermögen des Schuldners“ und hat dabei[1] die Vermutung ausgesprochen, daß diese die *πρωτοπραξία* begründende Beschlagnahme in den *διαστρώματα*[2] eingetragen werden konnte. Ich möchte nun hier auf eine Urkunde verweisen, die m. E. als Beleg hierfür angeführt werden kann. In Fior. 2 Col. VIII wird den *βιβλιοφύλακες ἐγκτήσεων* von Hermupolis von dem Strategen dieses Gaues ein Verzeichnis[3] der von den Komarchen des Dorfes *Τιμῶνθις* zur Liturgie der *τριονία ὀνηλασία* vorgeschlagenen[4] Personen übersandt: *ἵν' εἰ[δῆ]τε καὶ τῆς τοῦ ἱ[ερωτά]του ταμείου ἀσφαλείας πρόνοιαν ποιήσ[η]σθε.* Wenn wir beachten, daß gerade die *βιβλιοφύλακες* zu diesem *πρόνοιαν ποιήσασθαι* angewiesen werden, so liegt m. E. die Annahme nahe, daß die zugunsten des Fiskus zu treffende Sicherungsmaßregel in der Eintragung der *πρωτοπραξία* bestanden hat. Diese *παράθεσις* würden demnach in unserem Falle die *βιβλιοφύλακες* auf Ersuchen des Strategen vorzunehmen haben.[5]

V. Endlich ist an dieser Stelle noch BGU. IV 1073[6] anzuführen, ein Schreiben der *βουλή* von Oxyrhynchos an die *βιβλιοφύλακες ἐγκτήσεων*, in dem diese ersucht werden, die dem *Ἀπολλοδίδυμος* als Mitglied des *σύλλογος τῆς ἱερᾶς συνόδου* zustehende *ἀτέλεια* auf dessen Folium einzutragen (*ἵνα . . τὴν δέουσαν παράθεσιν ποιήσησθε τῷ ὀνόματι αὐτοῦ*).

Abgesehen von dieser zuletzt genannten Eintragung der *ἀτέλεια* tragen die hier zusammengestellten Fälle, in denen die *βιβλιοφύλακες* von einer Behörde um die Vornahme einer *παράθεσις* ersucht werden, einen gemeinsamen Charakter: die *παράθεσις* soll erfolgen zu Sicherungs- oder Vollstreckungszwecken.

---

[1] l. c. Anm. 69.

[2] Daß diese mit den „Katastern“ gemeint sind, ergibt die Bezugnahme auf Lond. III Nr. 1157 (S. 111).

[3] Genauer: eine Kopie des *προσάγγελμα* der Komarchen.

[4] Über die Bedeutung dieser *εἴσδοσις*: Wilcken, Archiv III S. 530; IV S. 560.

[5] Wird die *πρωτοπραξία* im *διάστρωμα* eingetragen, so wird m. E. die Wendung *πρωτοπραξίας φυλασσομένης τῷ φίσκῳ* in den Subskriptionen Lips. 9 Z. 33, 34 und Str. 34 Z. 25 den vorhergehenden Genetiven koordiniert sein. A. A. Wilcken, Archiv IV S. 542.

[6] Hierzu neuestens: Viereck, Klio VIII S. 423f.

IV. Die rechtliche Natur der διαστρώματα.

§ 11.

διαστρώματα und Kataster.

Wir haben oben[1] als wahrscheinlich angenommen, daß die *διαστρώματα*, die dorfweise angelegten Übersichten über den Immobiliarbesitz und die an diesem bestehenden dinglichen Rechte, im ersten Jahrhundert der Römerherrschaft eingeführt worden sind. Da wir nun andererseits wissen, daß der ägyptische Boden schon zur Ptolemäerzeit — nach der bekannten Notitz Herodots schon seit Sesostris' Zeiten — genau vermessen und katastriert gewesen ist,[2] so drängt sich unwillkürlich die Frage auf: ist mit der Einführung der *διαστρώματα* eine Reform des ganzen Katasterwesens verbunden gewesen, sind insbesondere die *διαστρώματα* an die Stelle des ptolemäischen Katasters getreten, oder hat neben ihnen der alte Kataster fortbestanden? Diese Frage soll den Gegenstand der folgenden Erörterung bilden.

Man beachte zunächst folgende Stellen:

1. Teb. II 309 (116/7 p.). Es handelt sich in dieser Urkunde wahrscheinlich um Staatsland, das den Priestern des Soknebtunis in Erbpacht gegeben ist: *γῆ δημοσία ἱερευτική*.[3] In diesem Gesuch eines Pächters um Aufhebung des Pachtverhältnisses, das an die zehn *πρεσβύτεροι* der Priester gerichtet ist, heißt es:

βούλομαι ... ἐγβεβηκέναι τῆς ...
Z. 17 *[γεωργείας τῶ]ν ἀναγραφομένων*
[εἰς τὸν πατέρα]μου Πανῆσιν περὶ
[τὴν κώμην σι]τικῶν ἐδαφῶν.

Die Pachtgrundstücke sind also auf den Namen des *Πανῆσις*, wohl des früheren Pächters, eingetragen.

2. Teb. II 311 (134 p.), Verpachtung von *γῆ δημοσία ἱερευτική*. Die Pachtgrundstücke sind, wie aus Z. 13—16: *ἀπὸ τῶν ἀναγραφομένων εἰς τὸν Ὀννῶφρις* (sic) *περὶ Τεπτῦνιν δημοσίων ἱερευτικῶν ἐδαφῶν* hervorgeht, auf den Namen des *Ὀννῶφρις*, des Verpächters, eingetragen.

[1] S. 13. [2] Wilcken, Ostraka I S. 174, 175.

[3] Hierüber Grenfell-Hunt in der Einleitung zu Teb. II 302 und in der Anmerkung zu Z. 8 dieser Urkunde.

3. Teb. II 390[1] (167 p.?); Darlehensvertrag. In Betracht kommen die Worte in Z. 11, 12: *τὴν ἀναγρ[α]φομένην εἰς τοὺς τρῖς* (die Darlehensnehmer) *περὶ κώμην Τεπτῦνι[ν] γῆς βασιλικῆς*[2] *ἱερευτικῆς ἄρουραν μίαν κτλ.*
4. Teb. II 373 (110/1 p.), Afterpacht von *γῆ βασιλική*. Man beachte Z. 4 und 5: *ἀπὸ τῶν ἀναγραφομένων [εἰ]ς Παῶπιν περὶ τὴν [προκιμ]ένην κώμην Τεβτῦνιν δημοσίων ἐδαφῶν κτλ.* Wir sehen: die *δημόσια ἐδάφη*, die teilweise von dem Pächter *Παῶπις* weiterverpachtet werden, sind auf dessen Namen eingetragen.

Das Gleiche gilt von

5. Oxy. IV 730 (130 p.) Z. 7 und 8: *ἀπὸ τῆς ἀναγρ⟨αφ⟩ομένης εἰς αὐτὸν βασιλικῆς γῆς κτλ.*
6. BGU. III 915[3] (2. Jahrh. p.). Hier ist in Z. 24 von *ἀναγράφεσθαι* in bezug auf in Erbpacht gegebenes Staatsland die Rede.

Um was für ein *ἀναγράφεσθαι* es sich nun eigentlich handelt, ist in den angeführten Urkunden nicht gesagt. Man könnte vielleicht zunächst auf Grund von Teb. II 302 Z. 16, 17, wo ein *ἀναγράφεσθαι διὰ σπόρου [γραφῆς]* erwähnt wird, annehmen, daß Eintragungen in derartige Listen gemeint seien, doch steht dem m. E. entgegen, daß die zitierten Stellen schlechthin von *γῆ ἀναγραφομένη εἰς τὸν δεῖνα* sprechen, ohne hinzuzufügen, wo die Eintragung erfolgt ist. Aus diesem letzteren Umstand möchte ich den Schluß ziehen, daß es sich um Eintragungen in Verzeichnisse von allgemeinerer Bedeutung handeln muß. Es liegt nahe, an einen Kataster zu denken, in dem die *δημοσία γῆ* und deren Besitzer verzeichnet waren, doch könnte ein solcher Kataster nicht etwa mit den *διαστρώματα* identisch sein, die ja in diesen, wie wir gesehen haben,[4] nur Privatland und die an diesem bestehenden dinglichen Rechte verbucht waren.

Um den Nachweis führen zu können, daß neben den *διαστρώματα* noch ein Kataster bestanden hat, muß eine Gruppe von Urkunden herangezogen werden, in denen der *κωμογραμματεύς* über die Verhältnisse von Grundstücken Auskunft erteilt.

---

[1] Über diese Urkunde cf. Mitteis, Sav. Z. 28 S. 384.

[2] *γῆ βασιλικὴ ἱερευτική* ist identisch mit *γῆ δημοσία ἱερευτική*, cf. Grenfell-Hunt, Pap. Teb. II S. 92 oben. Dies folgt schon daraus, daß *γῆ βασιλική* = *γῆ δημοσία*; cf. Mitteis, Römisches Privatrecht S. 356 Anm. 20.

[3] Hierzu Wilcken, Archiv II S. 138, 139. [4] § 3 II.

Zunächst

a) Oxy. IV 718,[1] eine Eingabe an den Epistrategen, in der sich der Petent darüber beschwert, daß von ihm zu Unrecht die δημόσια von vier Aruren γῇ βασιλικῇ eingefordert worden sind. Hier wird in Z. 15 und Z. 26 eine προσφώνησις des κωμογραμματεύς erwähnt, die die genannten vier Aruren zum Gegenstande hat. cf. auch Z. 28f.

Neben dieser Urkunde kommen noch einige andere hier in Betracht, nur daß es sich in diesen nicht um δημόσια ἐδάφη, sondern um Privatland, um γῆ ἰδιωτικὴ handelt, nämlich

b) BGU. IV 1047 Col. II Z. 5—7. Daß hier Privatland in Frage steht, folgt schon daraus, daß über dasselbe Grundstück, über das der κωμογραμματεύς berichtet hat, auch die βιβλιοφύλακες ἐγκτήσεων Auskunft erteilt haben;

ferner die in

c) BGU. I 5 Col. II Z. 4, 5 erwähnte προσφώνησις.

Während wir nun den bisher angeführten Urkunden[2] nicht entnehmen können, worauf denn die Auskunft des κωμογραμματεύς beruht, geben uns über diese Frage zwei Urkunden Aufschluß, die hier von der größten Wichtigkeit sind: es sind dies BGU. I 11 und der von Vitelli in Atene e Roma VII Spalte 122 publizierte Papyrus.

Der ersteren Urkunde[3] liegt der gleiche Tatbestand zugrunde, wie BGU. I 5: βιβλιοφύλακες und κωμογραμματεύς werden beide um Auskunft über die Eigentumsverhältnisse eines Grundstücks angegangen. Wenn nun in Z. 10, 11 gesagt wird[4]:

Δηλ(οῦμεν) [τὸν τ]ῆς Κερκεσούχω(ν) Ὄρους κωμογρα(μματέα) ὀφείλειν περὶ
τούτο[υ π]ροσφωνῆσθαι (sic) διὰ τὸ τὸ ὕπαρχον ἐκεῖ δεδηλ(ῶσθαι),

so haben wir hier „einen deutlichen Hinweis auf die vom Dorfschreiber geführten Kataster".[5]

---

[1] Über diese Urkunde: Jouguet, Revue des études anciennes VII S. 273.

[2] προσφωνήσεις des κωμογραμματεύς sind weiter erwähnt in Teb. II 344 Z. 7 und BGU. II 619 Z. 2, 3. Was die letztere Urkunde anlangt, so muß m. E. gegen Gradenwitz, Archiv I S. 334 und Wenger, Stellvertretung S. 27 an der von Wilcken, Ostraka I S. 600 gegebenen Interpretation festgehalten werden.

[3] Wilcken, Ostraka I S. 486. Weiss, Archiv IV S. 350.

[4] Nach Wilcken die Unterschrift des Beamten, der sich bei diesen Behörden erkundigt hat, nach Weiss die der βιβλιοφύλακες.

[5] Wilcken l. c. Unrichtig Bernhöft l. c. S. 50 Anm. 3.

Beinahe noch deutlicher spricht die Florentiner Urkunde, die ich ihrer Wichtigkeit wegen, wie sie von VITELLI ediert worden ist, hier anführen will. Sie lautet:

Ἀπολλωνίωι στρατηγῶι Ἀ[πο]λλωνοπ(ολείτου) (ἑπτα)κωμίας[1]
παρὰ Ψάιτος κωμογρα(μματέως) Νακοωι. Ἐπερω-
τώμεν[ο]ς ὑπ[ό] σου περὶ τῶν ἐντὸς περι-
χώμα[τος ἀν]αγραφομέ[ν]ων περὶ τὴν
ἐμὴν κ[ωμ]ογρα(μματείαν) βρεχέντων πεδίων
καὶ τῶν [δ]υναμένων αὐλακισθῆναι,
προσφωνῶ ὡς ὑπόκειται·
Συνάγονται τῶν ἐντὸς περιχώματο(ς)
Νακοωι ἀναγραφομένων περὶ τὴν
ἐμὴν κωμογρα(μματείαν) (ἄρουραι)
χξη ($\frac{1}{8}$ $\frac{1}{16}$ $\frac{1}{32}$ $\frac{1}{64}$)·
ὧν βασιλ κτλ.

dopo il calcolo delle varie qualità di terreni (*βασιλικὴ, ἰδιόκτητος, ἰδιωτική* etc.) segue *ὧν ἐστιν τὸ κατ' ἄνδρα* con la lista dei nomi e delle arure *δυναμε αὐλακισθῆναι.*

Die Worte *ἀναγραφομένων περὶ τὴν ἐμὴν κωμογραμματείαν*[2] erlauben wohl einen sicheren Schluß auf die Existenz eines von den *κωμογραμματεῖς* geführten, also dorfweise angelegten Katasters, in dem nicht nur *γῆ ἰδιωτική*, sondern, wie aus unserer Urkunde folgt, auch *γῆ βασιλική* und wohl auch *γῆ ἱερά*[3] und *οὐσιακή*, d. h. der ganze Grund und Boden katastriert war. Es kann hiernach wohl kaum zweifelhaft sein, daß die Eintragungen, die in den oben unter Nr. 1—6 angeführten Urkunden erwähnt sind, sich auf Katastereintragungen beziehen.[4]

Katasterauszüge sind uns wahrscheinlich in BGU. II 563

---

[1] An denselben Strategen gerichtet sind die neuerdings von KORNEMANN, Klio VIII S. 398ff. edierten Eingaben Pap. Giss. Nr. 16; 40; 42. Leider konnten diese Urkunden im Text nicht mehr berücksichtigt werden.

[2] cf. Gen. 16 Z. 11, 12 nach WILCKENS (Archiv III S. 385) Lesung: *αἰγιαλὸς ἀναγραφόμενος [π]ερὶ τὴν ἡμετέραν κώμην.* Ferner Giss. Nr. 16a Z. 4, 5; b Z. 4—6; c Z. 3—5.

[3] Was die *γῆ ἱερά* anlangt, so folgt dies vielleicht aus Lond. III Nr. 604 (S. 71) Z. 6, einer ähnlichen Urkunde, wie unsere Florentiner.

[4] Auf eine Katastereintragung wird vielleicht auch in BGU. III 889 Z. 11, 12 hingewiesen: *καθὼς ἐπὶ ἐλαιῶ(νι) .... π]ερὶ κώμην Σεβ(εννῦτιν) δεδήλ(ωται).*

bis 566[1] und Teb. II 343[2] erhalten, Listen, in denen die Namen der Eigentümer und Umfang und Kulturgattung der Grundstücke verzeichnet sind. Bei der zuletzt genannten Urkunde ist nun auffallend, daß nicht nur die Eigentümer der katastrierten Grundstücke, sondern daneben auch die ἐπικρατοῦντες angegeben werden.[3] Die Editoren sprechen in der Anmerkung zu Z. 14 (S. 170) von der Bedeutung des ἐπικρατεῖν „to indicate rights acquired or exercised over the property of others", doch ist diese Begriffsbestimmung m. E. nicht genau. Ἐπικρατεῖν ist Terminus technicus für „besitzen"[4] und ist synonym dem διακρατεῖν in BGU. IV 1047 Col. II Z. 6f. Gerade diese Stelle führt uns weiter. Wie schon erwähnt, handelt es sich hier um eine προσφώνησις des κωμογραμματεύς und zwar darüber:

ὑπὸ τίνων νυνεὶ διακρατοῦνται αἱ τοῦ ἐλαιῶνος (ἄρουραι) (δύο) καὶ κατὰ ποῖον δίκαιον.

Schon dieser Zusatz κατὰ ποῖον δίκαιον beweist m. E. die Bedeutung des διακρατεῖν = besitzen. Weiter aber läßt diese Stelle wenigstens als möglich[5] erscheinen, daß im Kataster des κωμογραμματεύς neben den Eigentümern auch die ev. von diesen verschiedenen Besitzer, z. B. Pächter der Grundstücke angegeben waren, was seinerseits wieder ein Indiz dafür wäre, daß wir es in Teb. II 343 mit einem Katasterauszug zu tun haben.

Daß dies nun tatsächlich der Fall war, wird wohl durch Fay. 33 Z. 18, 19; BGU. I 198 Z. 8, 9 und BGU. III 973 Z. 13, 14 bewiesen. Wenn in diesen, unter anderen auch an den κωμογραμματεύς gerichteten ἀπογραφαί[6] die Eigentümer erklären, die den Gegenstand der Deklaration bildende γῆ ἄβροχος sei διὰ σωματισμοῦ εἰς Ταρεῶτιν bzw. εἰς Ζωιλο[ῦ]ν und εἰς Τασῆν,

---

[1] cf. Wilcken, Ostraka I S. 482.

[2] Daß diese Urkunde nicht auf die διαστρώματα zurückgehen kann, wird schon durch das Vorkommen von γῆ βασιλική (Z. 83, 85) bewiesen. Das Gleiche muß dann für BGU. II 563—566 angenommen werden.

[3] Col. II Z. 14, 19, 24, 28; Col. III Z. 54; Col. IV Z. 67, 75.

[4] Diese Bedeutung ergibt sich wohl zweifellos aus folgenden Stellen: Teb. II 317 Z. 23; BGU. II 613 Z. 29 (οὐ δεόντως ἐπικρατεῖν). Fior. 58 Z. 5; Pap. Cattaoui Recto Col. VI Z. 4 (Archiv III S. 61). cf. auch BGU. I 168 S. 8 ἐνκρατὴς ἐγένετο.

[5] Mit Sicherheit können wir natürlich nicht annehmen, daß sich der κωμογραμματεύς auch in diesem Falle aus dem Kataster informiert hat.

[6] Über diese ἀπογραφαί cf. unten S. 81.

so wird damit gesagt sein, daß diese dritten Personen als Besitzer im Kataster eingetragen sind. Der Grund für diese Erscheinung ist nicht schwer zu erkennen. Wir dürfen ihn wohl darin sehen, daß die Grundsteuern von den Grundstücksbesitzern erhoben wurden, ohne Rücksicht darauf, ob diese Eigentümer waren oder nicht.[1]

Ich möchte hier auf BGU. II 457[2] verweisen. Diese Urkunde enthält eine Mitteilung des κωμογραμματεύς an den πράκτωρ σιτικῶν, daß Grundbesitz, der in dem ἀπαιτήσιμον auf den Namen des Sokrates eingetragen ist, sich in dem Besitze anderer Personen befindet: ἐγνώσθ(ησαν) ἐπικρατεῖσθ(αι) ὑπὸ τῶν ὑπ[ογε]γραμμένων. Von diesen ἐπικρατοῦντες sollen die πράκτορες die Steuern erheben.[3] Ferner würde hiermit im Einklang stehen, daß auch die Grundstückspächter, worauf Preisigke[4] mit Recht aufmerksam macht, dem Staate gegenüber zur Tragung der öffentlichen Grundstückslasten verpflichtet sind, und daß die in den Pachtkontrakten begegnenden Vertragsklauseln, die dem Verpächter die Steuerlast aufbürden, lediglich eine interne Regelung zwischen Verpächter und Pächter darstellen.[5]

Treffen diese Ausführungen das Richtige, so sehen wir also, daß die zur Tragung der Grundsteuern verpflichteten Besitzer

---

[1] Die Editoren sagen in der Anmerkung zu Fay. 33 Z. 18, 19 (S. 145): The only explanation what seems to us to meet the case is that σωματισμός was a matter concerning the taxation of the property. σωματιζόμενος εἴς τινα then means that the person so referred to, in consequence of the land being leased to him or for other reasons, was responsable for the taxes upon it. cf. auch Mitteis, Hermes 30 S. 608, 609 und Bruns-Sachau, Syrisch-Römisches Rechtsbuch: L. § 64; Ar. § 109.

Zu BGU. I 139 Z. 13, 14: σωματιζομένας εἰς Οὐαλερίαν Παυλίνου (Name der deklarierenden Eigentümerin) cf. Grenfell-Hunt l. c.; P. M. Meyer, Festschrift für Hirschfeld S. 135 Anm. 1.

[2] Wilcken, Ostraka I S. 619f.

[3] cf. Oxy. IV 718 Z. 28, 29: πρ]οσφωνήσῃ τὸν ἐπικρατοῦντα παρ' οὗ καὶ εὐλόγως ἡ [ἀπαίτησις τῶν δημοσίω]ν γενήσετ[α]ι, doch handelt es sich hier um γῆ βασιλική. Auf Privatland und zwar auf Katökenland bezieht sich BGU. I 330, wie aus dem in Z. 7 erwähnten ἀριθμητικόν hervorgeht (cf. oben § 3 S. 20). In Z. 5 wird das unverständliche κατανομήν als κατὰ νομήν = gemäß dem Besitzstande aufzufassen sein.

[4] Pap. Str. I S. 89 und 158.

[5] Wenger, Archiv IV S. 196. Außer dem hier zitierten Teb. I 105 cf. noch Oxy. II 277 Z. 8: ἐὰν δέ τι πραχθῇ; Amh. 85 Z. 11, 12: ἐὰν δ[έ] τι ἄλλα ἐὰν ἀπαιτηθῶμεν ἢ ἐκπραχθῶμεν κτλ.; und Oxy. IV 718 Z. 23, 24: ἄδικον δὲ μὴ γεωργοῦντα ἀπαιτεῖσθαί με δημό[σια ὑπὲρ ἀλλοτρία]ς γῆς.

im Kataster des κωμογραμματεύς eingetragen waren. Was die nähere Ausgestaltung dieses Katasters anlangt, so würde ein Eingehen auf diese schwierige Frage den Rahmen dieser Arbeit überschreiten. Für unsere Zwecke genügt folgende kurze Bemerkung: Ist, wie wir wohl ohne Bedenken annehmen dürfen, Pap. Brux. I[1] ein Fragment unseres Katasters,[2] so sehen wir, daß darin die Grundstücke nach Lage, Größe und Kulturart genau verzeichnet waren, und daß — dies ist für uns von besonderer Wichtigkeit — der Steuersatz[3] angegeben war.

Zur Frage nach der Evidenthaltung des Katasters ist folgendes zu bemerken. Wilcken[4] hat nachgewiesen, daß der „Kataster" durch alljährliche ἐπίσκεψις in Ordnung gehalten wurde, hat aber wohl dabei unter „Kataster" die von den βιβλιοφύλακες geführten Bücher, also die διαστρώματα verstanden. Nachdem wir nun aber gesehen haben,[5] daß es zweifelhaft ist, ob die Grundstücke in den διαστρώματα genau nach ihren Grenzen und Kulturart angegeben waren, während wir dies für den vom κωμογραμματεύς geführten Kataster mit Sicherheit annehmen dürfen, so liegt es m. E. nahe, die ἐπίσκεψις auf die Evidenthaltung unseres Katasters zu beziehen.[6] Diese Vermutung wird dadurch gestützt, daß in BGU. II 563[7] und Teb. II 343,[8] Urkunden, die wir als Katasterauszüge aufgefaßt haben, auf die ἐπίσκεψις Bezug genommen wird. Mit der Evidenthaltung[9] durch alljährliche ἐπίσκεψις wäre dann

[1] Publiziert von Mayence und de Ricci, Le Musée Belge VIII S. 101—117 cf. Ruggiero, Bull. dell' ist. di dir. rom. XVI S. 193—205. Seinen Ausführungen auf S. 201, letzter Absatz, möchte ich nicht zustimmen.

[2] Hierher gehört vielleicht auch der leider noch nicht publizierte PER. Nr. 4226, Führer durch die Ausstellung der Papyri Erzherzog Rainer Nr. 297.

[3] Z. B. Col. IV Z. 6; Col. V Z. 13.

Zu der Frage, welche Angaben der Kataster enthielt, cf. jetzt die oben S. 77 Anm. 1 genannten Gießener Urkunden und dazu Kornemann, l. c. S. 408.

[4] Ostraka I S. 175. Archiv I S. 151 (zu Lond. II Nr. 267 S. 129—141).

[5] S. 25.

[6] Lips. 105 Z. 13 ff. steht dem wohl kaum entgegen. Über die in BGU. III 861 und 870 erwähnte ἐπίσκεψις cf. Gradenwitz, Archiv III S. 413 Anm. 1.

[7] Col. I Z. 8, 11, 15, 23; Col. II Z. 7, 15.

[8] Col. II Z. 11, 17, 21, 26. Col. III Z. 50. Col. IV Z. 59, 72, 79.

[9] Die ἐπίσκεψις bezog sich wohl in erster Linie auf die Grenzen, Kulturart und Ertragsfähigkeit der Grundstücke, daneben vielleicht aber auch auf die Eigentums- und Besitzverhältnisse.

wohl auch erklärt, daß wir von allgemeinen Revisionen bzw. Neuanlegungen dieses Katasters analog denen der διαστρώματα nichts wissen. Als solche dürfen m. E. insbesondere nicht die Katasterberichtigungen angesehen werden, die auf Grund von Deklarationen erfolgten, die wir den generellen ἀπογραφαί insofern zur Seite stellen können, als auch sie auf eine Anordnung des Präfekten hin eingereicht wurden.[1] Das für die Beurteilung dieser ἀπογραφαί entscheidende Moment ist der Umstand, daß sie ausnahmslos γῆ ἄβροχος[2] zum Gegenstande haben. Das Richtige haben bereits GRENFELL-HUNT[3] erkannt, wenn sie sagen, daß diese Deklarationen eingereicht wurden in consequence of a special order of the praefect on occasions of a failure of the inundation. Es handelt sich also nicht um eine völlige Neuanlegung des Katasters, sondern nur um dessen Rektifizierung in bezug auf γῆ ἄβροχος.[4]

In zwei dieser ἀπογραφαί, nämlich BGU. I 139 Z. 12, 13 und Teb. II 324 Z. 13 findet sich nun, was besonders betont zu werden verdient, die Angabe des Steuersatzes,[5] die in den an die βιβλιοφύλακες gerichteten Deklarationen ohne Ausnahme fehlt. Dies deutet vielleicht darauf hin, daß im Kataster des κωμογραμματεύς der Steuersatz eingetragen war, was weiter dadurch bestätigt wird, daß dieser auch in BGU. I 217, einer Urkunde, die wahrscheinlich als Katasterauszug aufgefaßt werden muß,[6] angegeben ist. Wir kommen somit auf diesem Wege zu dem gleichen Resultat, wie oben auf Grund der Annahme, daß Pap. Brux. I ein Fragment unseres Katasters ist.

Nach diesen Feststellungen dürfen wir wohl die Vermutung

---

[1] Die hier in Betracht kommenden Urkunden sind: BGU. I 198; Grenf. II 56; Fay. 33; BGU. III 973; BGU. I 139; Teb. II 324. Wie aus BGU. I 139; Fay. 33 und Teb. II 324 folgt, werden diese ἀπογραφαί bei dem Strategen, dem βασιλικὸς γραμματεύς und dem κωμογραμματεύς eingereicht; daher wird der κωμογραμματεύς auch im Fall des Grenf. II 56 ein Exemplar der Deklaration erhalten haben. Daß auf Grund dieser ἀπογραφαί der Kataster berichtigt wurde, geht wohl aus Pap. Brux. I hervor. cf. z. B. Col. IV Z. 10; Col. V Z. 5; Col. VII Z. 3; Col. VIII Z. 9, 10; Col. X Z. 5.

[2] Gegen die von RUGGIERO l. c. S. 201 gegebene Erklärung der γῆ ἄβροχος mit Recht WILCKEN, Archiv IV S. 177.

[3] Fay. S. 144; Oxy. II S. 177; Teb. II S. 133.

[4] Zum Zweck des Steuernachlasses. WILCKEN, Ostraka I S. 211, 212. PREISIGKE, Pap. Str. I S. 88.

[5] τελούσας ἀνὰ πυροῦ μίαν. cf. WILCKEN, Ostraka I S. 211, 482.

[6] WILCKEN, l. c. S. 482.

aussprechen, daß der Kataster die Grundlage gebildet hat für die vom κωμογραμματεύς aufgestellten[1] ἀπαιτήσιμα,[2] in denen für die einzelnen Steuerzahler die von ihnen zu erhebenden Beträge angegeben sind.

Um einen unrichtigen Eintrag in eine solche „Erhebungsanweisung“[3] handelt es sich vielleicht in Oxy. III 488, doch kann diese Urkunde wohl auch als Beschwerde gegen eine unrichtige Katastereintragung aufgefaßt werden.[4]

Zusammenfassend können wir jetzt wohl sagen: neben den διαστρώματα wird vom κωμογραμματεύς ein Grund- und Gebäudekataster[5] geführt, der den Zwecken der Grundsteuerveranlagung und -erhebung dient.

Die Beantwortung der zu Beginn dieses Paragraphen gestellten Frage kann nun nicht mehr zweifelhaft sein, wenn wir berücksichtigen, daß in der Ptolemäerzeit der Kataster ebenfalls vom κωμογραμματεύς[6] geführt worden ist. Wir kommen also zu

---

[1] So auch Rostowzew, Archiv III S. 213.

[2] Solche ἀπαιτήσιμα sind: BGU. II 659 Col. II; Lond. II Nr. 322 (S. 159); Fay. 40; vielleicht auch Lond. III Nr. 835 Recto (unpubliziert). cf. auch BGU. I 84 und IV 1047 Col. II Z. 9. Wie Pap. Class. Philol. I Nr. 4 Z. 16ff. beweist, wird auch die ἀριθμητικοῦ γραφή vom κωμογραμματεύς aufgestellt.

[3] Wilcken, l. c. S. 511, 619.

[4] Ruggiero, l. c. S. 204, 205. Für die erstere Auffassung scheint mir das πέρυσι ... παρέγραψε in Z. 31f. zu sprechen.

[5] Daß der Kataster auch Gebäudegrundstücke umfaßte, folgt m. E. aus BGU. I 11 Z. 5f. und BGU. I 5 Col. II Z. 2ff. cf. auch BGU. I 186 und dazu Wilcken, l. c. S. 482; ferner Str. I 31 (Z. 16!).

[6] Dies wird bewiesen durch Tor. 1 Col. IV Z. 5—9 und durch die von Wilcken in den „Aktenstücken aus der königlichen Bank zu Theben“ publizierte Urkunde Nr. IV, wo es in Z. 13ff. heißt: ἐπισκοποῦντες εὑρίσκομεν διὰ τῶν [φυλασσο?] μένων ἡμῖν [βι]βλίων εν.ρ.ς ἀδεσπότους [καὶ ἀνα]γραφομένας εἰς τοὺς προγεγραμμένους. Daß in der Ptolemäerzeit neben dem κωμογραμματεύς der βασιλικὸς γραμματεύς als Katasterbehörde in Betracht kommt (anders Naber, Archiv I S. 322), fogt m. E. aus Teb. I 30; 31. Es handelt sich in diesen Urkunden um die Umschreibung eines Grundstücks auf den Namen des Erwerbers. Aus den Worten in Teb. 31 Z. 14 (ähnlich Teb. 30 Z. 12, 13): καλῶς οὖν ποιήσεις συντάξας καὶ παρὰ σοὶ ἀναγράφειν εἰς αὐτὸν τὴν δηλ[ο]υμένην γῆν kann wohl geschlossen werden, daß der Beamte, an den diese Weisung ergeht — und dies ist der βασιλικὸς γραμματεύς — einen Kataster geführt hat. — Zum Kataster des κωμογραμματεύς cf. Peyron, Pap. Tor. S. 111, 112; Wilcken, l. c. S. 485, 486; Kuhn, Städtische und bürgerliche Verfassung des römischen Reichs Bd. II S. 498.

dem Resultat, daß der ptolemäische Steuerkataster[1] unter der römischen Herrschaft fortbestanden hat.

§ 12.
Die Zweckbestimmung der διαστρώματα.

Wir kommen in diesem Paragraphen zu der wichtigsten Frage unserer Untersuchung: der nach der rechtlichen Natur der *διαστρώματα*. In der Literatur[2] herrscht hierüber nahezu Einstimmigkeit: allgemein wird gelehrt, daß die von den *βιβλιοφύλακες ἐγκτήσεων* geführten Bücher die Basis der Grundsteueradministration bildeten, daß sie als der Grund- und Gebäudesteuerkataster aufzufassen sind, der aber nebenher auch den Interessen des privaten Rechtsverkehrs diente. Ist diese Charakterisierung zutreffend?

Um diese Frage beantworten zu können, müssen wir zusammenstellen, was sich heute über die Zweckbestimmung der *διαστρώματα* den Quellen entnehmen läßt.

Die Verwendung unserer Immobiliarübersichten im Interesse der Steuerverwaltung wird uns zunächst durch zwei Stellen bezeugt: einmal durch die bereits angeführte Urkunde BGU. IV 1073, aus der wir ersehen, daß die *ἀτέλεια* in den *διαστρώματα* eingetragen wurde, und ferner durch die Worte des Mettius Rufus, mit denen er den Erlaß seines Edikts motiviert. Wenn der Präfekt hier sagt, der Stratege von Oxyrhynchos habe ihm mitgeteilt *μήτε τὰ ἰ[δι]ωτικὰ μ[ήτε τὰ δημ]όσια πράγματα τὴν καθήκουσαν λαμβάνειν διοίκησιν* und zwar infolge der Verwahrlosung der *διαστρώματα*, so stehen gewiß unter den *δημόσια πράγματα* die Angelegenheiten der Steuerverwaltung an erster Stelle.

Hiermit sind aber, soweit ich sehe, die sicheren Belege für diese Funktion der *διαστρώματα* erschöpft; insbesondere haben wir, was besonders betont werden muß, meines Wissens keine einzige Quellenstelle, aus der wir mit Gewißheit schließen könnten, daß auf Grund der *διαστρώματα* die Veranlagung und Erhebung

---

[1] Bouché-Leclercq, Histoire des Lagides III S. 297, 342: „la base officielle de l'impôt."

[2] Mitteis, Archiv I S. 185; Wilcken, Ostraka I S. 480ff.; Ruggiero, Bull. dell' ist. di dir. rom. XIII S. 65; Nietzold, Die Ehe in Ägypten S. 35; Weiss, Archiv IV S. 356; Wenger, Papyrusforschung und Rechtswissenschaft S. 31; Koschaker, Grünhuts Zeitschrift Bd. 35 S. 390.

der Grundsteuern erfolgt wären. Die ἀπογραφαί a priori als Steuerdeklarationen aufzufassen und hieraus dann den Schluß zu ziehen, daß die auf ihnen aufgebauten διαστρώματα der Steuerkataster waren, wäre m. E. schon deshalb verfehlt, weil ἀπογράφεσθαι bzw. ἀπογραφή wohl von jeder schriftlichen, an eine Behörde gerichteten Erklärung gebraucht sein kann.[1, 2] In diesem Zusammenhang möchte ich auf einen Umstand hinweisen, der mir eher gegen die Auffassung unserer ἀπογραφαί als Steuerdeklarationen zu sprechen scheint. Waren die διαστρώματα der Steuerkataster, so müßten wir wohl den regulären ἀπογραφαι der Grundstückseigentümer die Bedeutung zuschreiben, daß nach einem Eigentumswechsel der Erwerber durch seine ἀπογραφή seine Eintragung im Kataster beantragt und damit die Steuerpflicht übernimmt.[3, 4] Während nun aber in den Kaufverträgen über deklarationspflichtige Mobilien mehrfach[5] eine Klausel vorkommt, durch die sich der Verkäufer die Deklarierung des Kaufobjekts vom Käufer versprechen läßt, findet sich eine derartige Vertragsbestimmung, soweit ich sehe, in keinem[6] der zahlreichen

---

[1] Lipsius, Das attische Recht und Rechtsverfahren Bd. II (1908) S. 300f. Pauly-Wissowa, Real-Enzyklopädie s. v. ἀπογραφή.

[2] Wenn die nachdiokletianischen Immobiliar-ἀπογραφαί Steuerdeklarationen waren — dies geht daraus hervor, daß sie an den Censitor gerichtet sind cf. oben § 2 S. 14 Anm. 4 —, so beweist dies m. E. noch nicht ohne weiteres, daß auch die an die βιβλιοφύλακες gerichteten Deklarationen als solche aufgefaßt werden müssen.

[3] Die auf S. 51 angeführten Stellen müssen dann wohl anders, als wie oben versucht worden ist, erklärt werden. Übernimmt der Deklarant durch die ἀπογραφή die Steuerpflicht, so kann die ἀπογραφή des Erwerbers m. E. unmöglich durch einen Antrag des Veräußerers ersetzt werden.

[4] Die regulären ἀπογραφαί der Grundstückseigentümer wären dann den spätrömischen professiones zur Seite zu stellen, falls man mit Dernburg, Pfandrecht I S. 352 und Matthias, Die römische Grundsteuer und das Vectigalrecht S. 51 (oben) annimmt, daß diese eine Übernahme der Steuerpflicht enthielten.

[5] BGU. I 87 Z. 18, 19; 153 Z. 25ff.; II 427 Z. 16ff.; Lond. II Nr. 320 Z. 15f. (S. 198); Amh. 102 Z. 16, 17; ferner der bei Wessely, Karanis und Soknopaiu Nesos S. 34 zitierte PR. 134.

[6] Zu Lond. III 1179d Z. 110 (S. 147) cf. oben § 9 S. 61 Anm. 5. — Wenn also Dernburg l. c. die Entstehung des in Cod. Theod. XI 3 l. 5 ausgesprochenen Rechtssatzes auf die Urkundenpraxis zurückführt, so sehen wir jetzt, daß dies – wenigstens für die ägyptische Urkundenpraxis – unzutreffend ist. Gegen Dernburg schon Pernice, Parerga II, Sav. Z. 5 S. 71 Anm. 1.

uns erhaltenen Immobiliarkaufkontrakte, obwohl doch gerade hier — falls der ἀπογραφή des Erwerbers die eben genannte Bedeutung zukam — die Einreichung der Deklaration seitens des Käufers für den Veräußerer von höchstem Interesse sein mußte. Deutet diese Erscheinung etwa auf eine prinzipielle Verschiedenheit zwischen den Mobiliar-ἀπογραφαί und den an die βιβλιοφύλακες gerichteten Deklarationen?

Unser im vorigen Paragraph gewonnenes Ergebnis, daß neben den διαστρώματα ein vom κωμογραμματεύς geführter Kataster bestand, der den Zwecken der Grundsteueradministration diente, würde — dies bedarf kaum der Erwähnung — der Auffassung der διαστρώματα als Steuerkataster nicht im Wege stehen. Es wäre ja sehr wohl möglich, daß die Römer mit der Einführung der διαστρώματα den Zweck verfolgten, neben den einzelnen Dorfkatastern ein Zentralsteuerkataster zu schaffen.

Unter diesen Umständen kann m. E. die Frage nach der Verwendung unserer Immobiliarübersichten im Interesse der Steuerverwaltung heute noch nicht beantwortet werden; sollte aber z. B. weiteres Material ergeben, daß in den διαστρώματα die Angaben, die wir oben[1] in Oxy. II 274 vermißt haben, nicht enthalten waren, also gerade die für die Ermittlung der Steuersumme unentbehrlichen Punkte in ihnen fehlten, so müßten wir wohl schon aus diesem rein negativen Moment den Schluß ziehen, daß die διαστρώματα der βιβλιοθῆκαι ἐγκτήσεων unmöglich die Basis der Veranlagung und Erhebung der Grundsteuern bilden konnten, daß ihre prinzipale Aufgabe eine andere gewesen sein muß und sie daher nur nebenbei für administrative Zwecke in Betracht kamen.

Welches dann die eigentliche Bestimmung der διαστρώματα gewesen wäre, könnte wohl kaum zweifelhaft sein. Mitteis hat bereits im Jahre 1895[2] erkannt, daß die von den βιβλιοφύλακες geführten Bücher auch privatrechtlichen Zwecken dienten, daß sie mutatis mutandis im ägyptischen Verkehrsleben die Rolle unserer Grundbücher spielten. Diese privatrechtliche Funktion der διαστρώματα läßt sich nun heute mit aller Sicherheit nachweisen. Zwar muß dahingestellt bleiben, ob die Mitwirkung der βιβλιοθήκη ἐγκτήσεων bei dem Abschluß von Rechtsgeschäften

[1] § 4 S. 25. [2] Hermes 30 S. 601 ff.

im Interesse der Verkehrssicherheit oder in dem der Steuerverwaltung angeordnet war, da ja für die Beantwortung dieser Frage die Klarstellung der administrativen Verwendung unserer Immobiliarübersichten präjudiziell ist; wie dem aber sein mag, auf jeden Fall mußte diese Mitwirkung für die Sicherheit des Immobiliarrechtsverkehrs von höchster Bedeutung sein. Ganz unzweideutig tritt uns aber diese privatrechtliche Bestimmung der *διαστρώματα* in den Fällen entgegen, in denen eine Eintragung lediglich im Interesse von Privatpersonen erfolgt, wo also ein fiskalischer Zweck gar nicht in Frage kommen kann: so in Lond. III 1157 b (S. 111) und Teb. II 318. Da beide Urkunden bereits besprochen worden sind, erübrigt es sich, hier nochmals auf sie einzugehen; aus ihrem Inhalt ergibt sich ohne weiteres, daß hier die *παράθεσις* ausschließlich dem Schutz privater Interessen dient. Ferner gehört hierher die Verbuchung der *κατοχαί* der Kinder und Ehefrauen. Was hat die Intabulierung dieser Rechte mit der Besteuerung der Grundstücke zu tun? Warum die *παράθεσις* dieser Rechte erfolgen soll, sagt uns ja Mettius Rufus ausdrücklich: *ἵνα οἱ συναλλάσσοντες μὴ κατ' ἄγνοιαν ἐνεδρεύονται.* Der Grundgedanke unseres modernen Immobiliarrechts wird hier klar ausgesprochen: die dinglichen Rechte an Grundstücken sollen erkennbar sein, damit die Kontrahenten nicht getäuscht werden; Zweck der Verbuchung ist also die Sicherheit des Verkehrs.

Sollten nun die *διαστρώματα* zur Sicherung des privaten Rechtsverkehrs dienen, so mußte ihnen Publizität in dem Sinne zukommen, daß sich Interessenten aus ihnen über die Rechtslage eines Grundstücks informieren konnten. Beachten wir dies, so werden wir vielleicht BGU. II 602 hiermit in Verbindung bringen dürfen. Der Tatbestand ist folgender: Der Tasoucharion ist ein Grundstück zum Kauf angeboten worden; sie bittet nun ihren Bruder, Erhebungen darüber anzustellen, *εἰ καθαρόν ἐστι*, d. h. ob das in Rede stehende Grundstück belastet ist. Ich möchte annehmen, daß für diese Erhebungen in erster Linie die *διαστρώματα* in Betracht kamen, die dann also für den Rechtsverkehr die Bedeutung hatten, die Theophrast[1] den *ἀναγραφαὶ κτημάτων καὶ συμβολαίων* zuschreibt:

[1] Hofmann, Beiträge zur Geschichte des griechischen und römischen Rechts, S. 76ff.

παρ' οἷς γὰρ ἀναγραφὴ τῶν κτημάτων ἐστὶ καὶ τῶν συμβολαίων, ἐξ ἐκείνων ἔστι μαθεῖν εἰ ἐλεύθερα καὶ ἀνέπαφα καὶ τὰ αὐτοῦ πωλεῖ δικαίως.

Zusammenfassend müssen wir sagen: die Lehre, die die *διαστρώματα* als Grund- und Gebäudesteuerkataster, also als Basis der Grundsteuerveranlagung und -erhebung auffaßt, ist in den Quellen keineswegs sicher fundiert; dagegen tritt uns in diesen die privatrechtliche Funktion der Immobiliarübersichten — nach der herrschenden Ansicht lediglich ihr Nebenzweck — mit aller Deutlichkeit entgegen. Mehr läßt sich m. E. zurzeit mit Sicherheit nicht behaupten. Beachten wir aber, in wie hohem Grade das griechische Immobiliarrecht von dem Prinzipe der Publizität beherrscht worden ist,[1] so müssen wir meiner Meinung nach heute, wo wir dieses Prinzip im Edikt des Mettius Rufus klar ausgesprochen finden, immerhin die Möglichkeit anerkennen, daß die Römer in Verwertung griechischer Rechtsideen die *διαστρώματα* zur Evidenthaltung der Immobiliarrechtsverhältnisse im Interesse des privaten Rechtsverkehrs geschaffen haben.

Anhang.

Als Anhang sei eine Bemerkung zu den *συγχωρήσεις* gestattet. Diese Urkunden,[2] ihrer Form nach Eingaben an den *ἀρχιδικαστής*, die von beiden Kontraktsparteien eingereicht werden, beginnen als Eingaben mit der hypomnematischen Formel *τῷ δεῖνι παρὰ τοῦ δεῖνος*, die indessen hier eine Besonderheit aufweist. Diese besteht in der scharfen Trennung und damit Gegenüberstellung der beiden Parteien durch ein doppeltes *παρά*.

So heißt es in

BGU. IV 1050[3] Z. 2 und 4 *παρὰ Ἰσιδώρας ... καὶ παρὰ Διονυσίου*

---

[1] Beauchet, l. c. Bd. III S. 319 ff.; Pappulias, l. c. §§ 28—30.

[2] Aufgeführt von Koschaker, Sav. Z. 28 S. 271.

[3] Ich führe diese an *Πρώταρχος ὁ ἐπὶ τοῦ κριτηρίου* gerichteten Urkunden hier mit an, da sie dieselbe Struktur aufweisen, wie die an den *ἀρχιδικαστής* gerichteten *συγχωρήσεις*, und daher m. E. als deren Vorläufer anzusehen sind.

BGU. IV. 1051 Z. 2 und 4	παρὰ Λυκαίνης . . . καὶ παρὰ Ἱέρακος
BGU. IV. 1052 Z. 2ff.	παρὰ Θερμίου . . . καὶ παρὰ Ἀπολλωνίου
BGU. IV 1054, 1055 Z. 2, 3	παρὰ Ἀπολλωνίου . . . καὶ παρὰ Ἀμμωνίου
BGU. IV 1058 Z. 2, 3	παρὰ Σίλλιδος . . . καὶ παρὰ Φιλωτέρας
BGU. IV 1059 Z. 2, 3	παρὰ Φιλωτέρας . . . καὶ παρὰ Λαοδίκης

ferner

BGU. III 741 Z. 4 und 6	παρὰ Λουκίου Οὐαλερίου Ἀμμωνιανο[ῦ . . . καὶ παρὰ Κοίντου Γελλίου Οὐάλεντος
BGU. III 729 Z. 5 und 6	παρὰ Πετρωνί[α]ς . . . καὶ παρὰ Γαίου Ἰουλίου Ἀπολιναρίου.

Ebenso in BGU. I 241 und Teb. II 319.

Besonders auffallend tritt diese Erscheinung in den Fällen hervor, in denen eine Kontraktspartei aus mehreren Personen besteht: auch hier werden beide Parteien durch das doppelte παρὰ streng voneinander geschieden.

BGU. IV 1052 Col. III Z. 36ff.	παρὰ Πτολεμαίου . . . καὶ παρὰ Ἀπολλωνίου . . καὶ τῆς τούτου γυναικὸς Ἀλεξάνδρας (Darlehnsnehmer).
BGU. IV 1053 Col. I Z. 3ff.	παρὰ Γαίου Ἰουλίου Φιλίου (Darlehnsgeber) καὶ παρὰ Λυκαρίωνος . . καὶ Πτολεμαίου (Darlehnsnehmer).

Ebenso BGU. IV 1056; 1057.

Oxy. IV 727 Z. 6ff.	παρὰ Γαίων Μαρκίων Ἀπίωνος . . καὶ Ἀπολιναρίου . . . . (Vollmachtgeber) καὶ παρὰ Ὠφελᾶ (Bevollmächtigter).

Hiernach muß es in

Oxy. II 268 heißen:	παρὰ Ἀμμωναρί[ο]υ . . . καὶ τῆς ταύτης [θ]υ[γ]ατρὸς Ὠφε[λοῦτ]ος . . . Z. 5 κ[αὶ παρὰ] Ἀντιφάν[ου]ς.

Daß das doppelte *παρά* der hypomnematischen Formel den *συγχωρήσεις* eigentümlich ist, zeigt ein Vergleich mit folgenden Urkunden, die sämtlich Eingaben mehrerer Personen sind:

Oxy. I 52; 54; 55; 103. Oxy. II 245. Oxy. III 498; 500. Oxy. IV 715; 716. Amh. 85. Fay. 26; 28; 39. Teb. II 303; 320; 403. Gen. 16; 18; 19; 37. Lond. II S. 182; 184; 188 (Nr. 163; 286; 438). Lond. III S. 139 (Nr. 1223). BGU. I 6; 16; 28; 42; 57; 64; 110; 111; 166; 184; 296; 358. BGU. III 835; 983. BGU. IV 1022. CPR. 32; 239.[1] Fior. 2 (Col. I Z. 14f.; Col. II Z. 49f.; Col. III Z. 69, 71; Col. IV Z. 93, 95; Col. V Z. 115, 117). Fior. 4; 54.

In allen diesen *ὑπομνήματα*[2] findet sich das *παρά* nur einmal. Die stilistische Besonderheit der hypomnematischen Formel bei den *συγχωρήσεις* ist nun insofern von Bedeutung, als sie unter Umständen das Kriterium bilden kann, nach dem wir eine Urkunde als *συγχώρησις* erkennen können. So z. B. BGU. IV 1071. Daß hier zu Beginn der dritten Zeile ein *παρά* gestanden haben muß, bedarf keiner Ausführung. Da nun auch die Ergänzung in Z. 4, 5 *καὶ πα[ρὰ κτλ.* zutreffend sein wird, die hypomnematische Formel mithin ein doppeltes *παρά* enthält, so müssen wir aus dieser Tatsache den Schluß ziehen, daß BGU. IV 1071 ein *συγχώρησις*-Fragment ist.

Auch der von Parthey in den Nuove Memorie dell' Istituto di corrispondenza archeologica 1865 S. 446 unter Nr. 8 publizierte Berliner Papyrus kann m. E. auf Grund dieses Kriteriums als Fragment einer *συγχώρησις* bestimmt werden. Die Urkunde lautet:

Ἀμμωνίῳ ἱερεῖ ἀρχιδ
λεια τῶν χρηματιστων
παρὰ Μάρκου Αὐρηλί[ου
τωʸ ἐντείμως ἀπο
νος δ[ευ]τ̣έρ̣α̣ς̣ πρ̣οαν
κου Οὐλπίου Κορνη
πα. αφϑιος μητρ[ὸς
Ἑρμογένους πρα

---

[1] Dieses Pachtangebot bezieht sich auf den in Gen. 16 und Catt. II genannten *αἰγιαλός*. Der Name *Πόσις Ματάειτος* (Z. 3) bestätigt die von Wilcken (Archiv III S. 549) zu Catt. II Z. 5 und Gen. 16 Z. 7 vorgeschlagene Korrektur.

[2] Die Beispiele ließen sich beliebig vermehren.

Wie Zeile 1 und 2 zu ergänzen sind, ist ohne weiteres klar:

Ἀμμωνίῳ ἱερεῖ ἀρχιδ[ικαστῇ καὶ πρὸς τῇ ἐπιμε]
λείᾳ τῶν χρηματιστῶν [καὶ τῶν ἄλλων κριτηρίων]

Das ἐντείμως ἀπο[.. in Z. 4 legt nun die Vermutung nahe,[1] daß hier von einer missio honesta die Rede ist. Nehmen wir dies an, so können wir nach Lond. II Nr. 171 b. Z. 5, 6[2] (S. 176) vielleicht ergänzen:

Z. 3 παρὰ Μάρκου Αὐρηλί[ου .... οὐετρανοῦ]
τῶν ἐντείμως ἀπο[λελυμένων .... ἐκ λεγιῶ]
νος δ[ευ]τέρας προαν

Da nun die zweite Legion, wie wir wissen, den Beinamen Τραιανὴ Ἰσχυρά[3] führt, so wird statt des unsicheren προαν zu lesen sein:

Z. 5 νος δ[ευ]τέρας τραιαν[ῆς ἰσχυρᾶς
Dürften wir nun fortfahren καὶ παρὰ Μάρ]
Z. 6 κου Οὐλπίου Κορνη[λίου ..,

was der Buchstabenzahl nach passen würde, so wäre durch das doppelte παρά der hypomnematischen Formel bewiesen, daß unsere Urkunde das Fragment einer συγχώρησις ist.

Zum Schluß sei noch auf eine zweite formale Eigentümlichkeit der συγχωρήσεις aufmerksam gemacht.

Bis auf Oxy. II 268 sind alle uns erhaltenen Urkunden dieser Gattung objektiv stilisiert, d. h. die rechtsgeschäftliche Erklärung beginnt in ihnen mit συγχωρεῖ bzw. συγχωροῦσι. Vergleicht man nun die Stilisierung dieser Urkunden mit der der ὁμολογίαι, so fällt sofort eine merkwürdige Verschiedenheit auf. Die weitaus überwiegende Zahl der Homologien der Kaiserzeit[4, 5]

---

[1] Man vergleiche folgende Stellen: BGU. I 326 Col. I 2, II 15, 16; BGU. III 780 Z. 17, 18; BGU. IV 1021 Z. 2, 3; Lond. II Nr. 171 b Z. 5, 6 (S. 176); Lond. III Nr. 906 Z. 4, 5 (S. 108); Mitteilungen aus d. Sammlung der Papyrus Erzherzog Rainer II S. 33: Pachtvertrag v. J. 261 Z. 3, 4; Reinach 49 Z. 9; Gen. 47 Z. 3.

[2] Bzw. nach dem in Anm. 1 angeführten Rainer-Papyrus.

[3] BGU. I 113 Z. 11; 156 Z. 1; 240 Z. 3; 265 Z. 13, 14; II 378 Z. 2, 3.

[4] Für die ptolemäischen Homologien läßt sich, soweit ich sehe, eine Regel nicht aufstellen: cf. Hib. 97; 99; Grenf. I 27; II 16; 25; 26; 31; BGU. III 998 Col. II; Teb. II 487; Lond. III 1203 (S. 9); andererseits: Grenf. II 33; Amh. 42; Rein. 12.

[5] Für die arsinoitischen Homologien gilt dieser Satz nahezu ausnahmslos. Die einzigen mir bekannten Ausnahmen sind Flor. 14; BGU. IV 1013; I 86

folgt dem Schema: ὁμολογεῖ ὁ δεῖνα τῷ δεῖνι κτλ., d. h. vor dem von ὁμολογεῖν abhängigen Infinitiv steht der Name des Erklärungsadressaten. Dieses τῷ δεῖνι fehlt in den συγχωρήσεις BGU. III 729 (Z. 9); 741 (Z. 8); Oxy. IV 727 (Z. 10).[1] Daß dies nicht Zufall sein kann, wird durch BGU. I 241 und Teb. II 319 bewiesen, zwei in συγχώρησις-Form abgeschlossenen διαιρέσεις: während nämlich die Teilungshomologien[2] regelmäßig beginnen ὁμολογοῦσιν ἀλλήλοις οἱ δεῖνες, heißt es in diesen Urkunden einfach συγχωροῦσι οἱ δεῖνες διειρῆσθαι κτλ. Das ἀλλήλοις fehlt.

Man wird es hiernach als ein für den συγχώρησις-Stil charakteristisches Moment anzusehen haben, daß hinter dem die Erklärung einleitenden συγχωρεῖ (bzw. συγχωροῦσι) der Name des Erklärungsadressaten nicht ausdrücklich angeführt wird.

---

und Teb. II 381. Ist in den drei letzten Urkunden das Fehlen des τῷ δεῖνι Folge der Natur des betreffenden Rechtsgeschäfts (einseitige, nicht empfangsbedürftige Willenserklärung)?

[1] Ebenso in BGU. IV 1052 Col. III; 1053; 1054; 1055; 1056; 1057; 1058; 1059.

[2] Oxy. III 503; BGU. I 234; IV 1037; CPR. 11; Teb. II 383. Demgemäß muß hinter dem ὁμολογοῦσι ein ἀλλήλοις ergänzt werden in BGU. II 444 Z. 3; CPR. 174 Z. 3; Lond. II 293 Z. 3 (S. 187). Das ὁμολογοῦσιν ἀλλήλοις findet sich naturgemäß in allen Homologien, in denen sich die Kontrahenten gegenseitig Erklärungen abgeben. Beispiele sind: Oxy. II 275; Oxy. IV 725; BGU. IV 1021 (Lehrverträge); CPR. 24 (Ehevertrag); Lips. 27 (Ehescheidungsvertrag). BGU. IV 1062 (Liturgieübertragung).

Chronologisches Verzeichnis der an die βιβλιοφύλακες gerichteten ἀπογραφαί.

(g = generell, r = regulär.)

BGU. I 112	63 (?)	g
Oxy. II 250	63 (?)	g
Oxy. II 248	80	g
Oxy. II 249	80	g
Oxy. II 359	80 oder 90	g
Oxy. I 72.	90	g
Oxy. II 247	90	g
Oxy. II 358	90	g
BGU. II 536	90	g
Oxy. IV 713	97	r
Oxy. III 636	nach 102	r
Oxy. III 482	109	g
Oxy. III 637	109 (?)	g
Oxy. III 638	112	r
Teb. II 472	120/1 (?)	r
Teb. II 323	127	r
Oxy. I 75	129	r
Oxy. III 584	131 (?)	g
Oxy. IV 715	131	g
Fay. 32	131	g
Fay. 216	131	g
Gen. 27	131	g
BGU. II 420	131	g
BGU. II 459	131	g
CPR. 17 Col. I	frühestens 138	r
BGU. I 233 Z. 20ff.	zwischen 161 u. 169	r
Amh. 71	178/9	r
BGU. III 919	2. Jahrhundert	r
Lips. 8	220	r
Lond. III 940 (S. 118)	226	r
Lond. III 941 (S. 118/9)	227	r
Lond. III 942 (S. 119, 120)	227	r
Lond. III 945 (S. 120, 121)	231	r
Lips. 9	233	r
Lips. 3 Col. II	256	r
BGU. IV 1034	III. Jahrhundert	r

Urkundenverzeichnis.

(Die großen Ziffern bedeuten die Seiten, die kleinen die Anmerkungen.)

Fay.

Fior.

Gen.

Goodsp.

Grenf.

Hib.

Lips.

Lond.

Par.

PER.

Petr.

Rein.

Str.

Literatur.

ARANGIO-RUIZ, La successione testamentaria secondo i papiri greco-egizii, Neapel 1906.

BEAUCHET, Histoire du droit privé de la république athénienne. Paris 1897.

BERNHÖFT, Die Verbuchung der dinglichen Rechte an Grundstücken im griechischen Rechte. Rostock 1907.

BOUCHÉ-LECLERCQ, Histoire des Lagides. Bd. III u. IV. Paris 1906, 1907.

CANTARELLI, La serie dei prefetti di Egitto. Rom 1906.

DAREMBERG-SAGLIS, Dictionnaire des antiquités grecques et romaines.

DARESTE, Nouvelles études d'histoire du droit. Paris 1902.

DERNBURG, Das Pfandrecht nach den Grundsätzen des heutigen römischen Rechts. Leipzig 1860—64.

Führer durch die Ausstellung der Papyri Erzherzog Rainer. Wien 1894.

GRADENWITZ, Einführung in die Papyruskunde. Leipzig 1900.

GUIRAUD, La propriété foncière en Grèce. Paris 1893.

HARTEL, Über die griechischen Papyri Erzherzog Rainer. (Vortrag.) Wien 1886.

HERZEN, Origine de l'hypothèque romaine. Paris 1899.

HITZIG, Das griechische Pfandrecht. München 1895.

HOFMANN, F., Beiträge zur Geschichte des griechischen und römischen Rechts. Wien 1870.

KUHN, Die städtische und bürgerliche Verfassung des römischen Reichs. Leipzig 1864, 1865.

LARFELD, Handbuch der griechischen Epigraphik. I. II. Leipzig 1902, 1907.

LEONHARDT, A., Zur Lehre von Rechtsverhältnissen am Grundeigentum. Hannover 1843.

LIPSIUS, Das attische Recht und Rechtsverfahren. Bd. II, 1. Leipzig 1908.

MARQUARDT, Römische Staatsverwaltung. 2. Aufl. Bd. II. Leipzig 1884.

MATTHIAS, Die römische Grundsteuer und das Vectigalrecht. Erlangen 1882.

MÉLANGES Nicole. Genf 1905.

MEYER, P. M., Das Heerwesen der Ptolemäer und Römer in Ägypten. Leipzig, 1900.

MILNE, A history of Egypt under roman rule. London 1898.

MITTEIS, Reichsrecht und Volksrecht. Leipzig 1891.

— Aus den griechischen Papyrusurkunden. (Vortrag.) Leipzig 1900.

— Römisches Privatrecht bis auf die Zeit Diokletians. Bd. I. Leipzig 1908.

NIETZOLD, Die Ehe in Ägypten. Leipzig 1903.

Pappulias, *Ἡ ἐμπράγματος ἀσφάλεια κατὰ τὸ ἑλληνικὸν καὶ τὸ ῥωμαϊκὸν δίκαιον.* Leipzig 1908.[1]

Partsch, Die longi temporis praescriptio im klassischen römischen Rechte. Leipzig 1906.

Pauly-Wissowa, Real-Enzyklopädie der klassischen Altertumswissenschaften.

Waszynski, Die Bodenpacht, agrargeschichtliche Papyrusstudien. Leipzig 1905.

Wenger, Papyrusforschung und Rechtswissenschaft. (Vortrag.) Graz 1903.

— Die Stellvertretung im Recht der Papyri. Leipzig 1906.

Wessely, Karanis und Soknopaiu Nesos. Wien 1902.

— Papyrorum scripturae graecae specimina isagogica. Leipzig 1901.

Wilcken, Griechische Ostraka aus Ägypten und Nubien. Leipzig und Berlin 1899.

Zeitschriften.

Archaeological Report 1906/7.

Archiv für Papyrusforschung; zitiert Archiv.

Archivio giuridico Bd. 73.

Atene e Roma Bd. VII.

Berliner philologische Wochenschrift 1906.

Bullettino dell' istituto di diritto romano; zit. Bull. dell' ist. di dir. rom.

Classical Philology I.

Deutsche Zeitschrift für Geschichtswissenschaft. Bd. XII.

Göttingische gelehrte Anzeigen 1907.

Hermes, Zeitschrift für klassische Philologie.

Klio, Beiträge zur alten Geschichte. Bd. VI u. VIII.

Mitteilungen aus der Sammlung der Papyrus Erzherzog Rainer.

Musée belge. Bd. VIII.

Revue des études anciennes VII.

Studien zur Paläographie und Papyruskunde.

Zeitschrift der Savigny-Stiftung für Rechtsgeschichte, Romanistische Abteilung; zitiert Sav. Z.

Zeitschrift für Sozial- und Wirtschaftsgeschichte. Bd. IV.

[1] Herr Dr. Pappulias hat mir die Verwertung dieses noch nicht erschienenen Buchs freundlichst gestattet, wofür ich ihm auch an dieser Stelle bestens danke.

FSC
www.fsc.org
MIX
Papier | Fördert
gute Waldnutzung
FSC® C083411

Kolibri 360 GmbH
Ferdinand-Jühlke-Straße 7
99095 Erfurt, Deutschland
produktsicherheit@kolibri360.de